2026 선재국어

가장 쉽고도 깊이 있는 공무원 논리

수비니겨 논리

공단기

머리말 INTRO

문제는 시간 단축이다
빠르게 푸는 비법을 익히고, 양질의 문제로 훈련하자

인혁처 예시 문제부터 2025년도 국가직과 지방직 시험까지, 논리 문제의 공통점은 무엇일까요. 바로 모든 시험에서 오답률 최상위권에 올랐다는 것입니다. 즉 시험 문제가 어떻게 나오든, **논리는 현재 공무원 국어 시험에서 가장 변별력 있는 유형**이라는 것입니다.

이렇게 변별력 있는 영역임에도 불구하고, 아직까지도 많은 학생들이 단순히 언어적 감으로 답을 찍거나 효율적이지 않은 방법을 사용하여 시간을 허비하는 안타까운 모습을 보이고 있습니다. **논리는 체계적으로 이론을 익히고 훈련하면, 정말로 빠르고 정확하게 문제를 풀 수 있는 영역**입니다. 그렇기 때문에 문제 풀이 속도가 느린 수험생일수록 이 영역에서 시간을 줄여서 독해 문제를 풀 수 있는 시간을 확보해야 합니다.

《2026 수비니겨 논리》는 정확하고 빠르게 문제를 풀기 위해 다음과 같이 구성되었습니다.

❶ 쉽고도 정확하게 — 문제를 푸는 방식을 익히자

논리를 정복하기 위해서는 <u>논리의 체계를 익히고 이론을 학습하는 것</u>이 필요합니다. 수험 논리에서 우선적으로 필요한 것은 제시된 명제를 기호화하는 방법, 이를 바탕으로 추론식을 세워 체계적으로 문제를 푸는 방법을 익히는 것입니다. 그리고 이를 바탕으로 다양한 유형의 문제를 풀어 보는 훈련을 해야 합니다.

만약 지금 이러한 방식으로 문제를 풀고 있지 않다면, 시간이 많이 걸리는 비효율적인 방법으로 문제에 접근하고 있다면, 더 이상 방황하지 마시고 이 책을 학습하시기를 바랍니다. 《2026 수비니겨 논리》는 <u>논리 학습에 필요한 내용을 체계적으로 정리하여 수험 논리의 체계를 세운 책</u>입니다. 따라서 이 책의 구성에 따라 학습하면, 논리학의 주요 논점을 파악하여 수험에 필요한 이론을 가장 정확하고 체계적으로 익힐 수 있을 것입니다.

❷ 시간을 단축하며 빠르게 — 문제를 푸는 훈련을 하자

논리 이론을 이해한 다음에는 <u>유형을 파악하여 문제를 빠르게 푸는 방식을 익혀야</u> 합니다. 《2026 수비니겨 논리》는 시험에 나올 수 있는 영역을 이론으로 정리한 뒤 문제로 유형화하여, 이론과 문제가 어떻게 연계되는지를 한눈에 파악할 수 있도록 구성하였습니다. 개념을 바탕으로 유형을 철저히 이해하게 하여, 쉬운 문제부터 난도 있는 문제까지 단계적으로 정복할 수 있도록 구성한 것입니다. 또한 출제 가능한 영역을 고루 훈련할 수 있는, <u>다양하고도 질이 좋은 문제들을 수록하여 충분한 실전 훈련을 통해 풀이 속도를 높이도록 구성</u>하였습니다. 이 책에 실린 양질의 문제는 여러분의 실력을 향상하고 풀이 속도를 높이는 데 큰 도움을 줄 것입니다.

선재국어 수비니겨 논리

학습 동영상 gong.conects.com | 카페 cafe.naver.com/sjkins
인스타그램 @sj_ssam | 유튜브 선재국어TV

출제가 거듭될수록 문제 유형은 다양화된다

인혁처가 예시 문제를 발표하고 국가직과 지방직 시험이 거듭 치러지는 동안, 논리의 문제 유형은 계속 다양화되고 있습니다. 간단한 추론식을 사용하여 바로 결론이 도출될 수 있는 문제부터 이제는 지문형 문제와 보다 복합적인 추론식을 사용하는 문제까지 점차적으로 범위가 넓어지고 있습니다. 다른 영역들도 그러하듯이 논리도 결국 출제가 거듭될수록 문제 유형은 다양화될 수밖에 없는 것입니다.

이에 대한 대책은 간단합니다. 좋은 문제로 훈련하는 것만이 앞으로의 시험을 완벽하게 대비할 수 있는 답입니다.

그러하기에 시간 단축의 전략으로 논리 영역이 필요하다면, 다양한 문제 유형에도 흔들림 없는 실력을 갖추고 싶다면, 지금 즉시 《2026 수비니겨 논리》를 펴십시오. 이해하기 쉽도록 서술형 문장으로 구성된 이론, 연습하기 편하도록 주관식으로 구성된 확인 문제, 훈련하기 알맞도록 객관식으로 구성된 실전 문제, 이 책의 구성을 따라 학습을 하면 여러분은 어느덧 논리 영역의 강자가 되어 있을 것입니다. 가장 어렵고 낯설게 느껴지는 논리 영역, 이 책을 통해 가장 쉽고도 깊이 있게 정복하시기를 바랍니다.

여러분의 합격을 앞당길 수 있도록, 언제나 제자리에서 묵묵히 최선을 다하겠습니다.

2025년 6월, 노량진 연구소에서
이선재 씀

커리큘럼 CURRICULUM

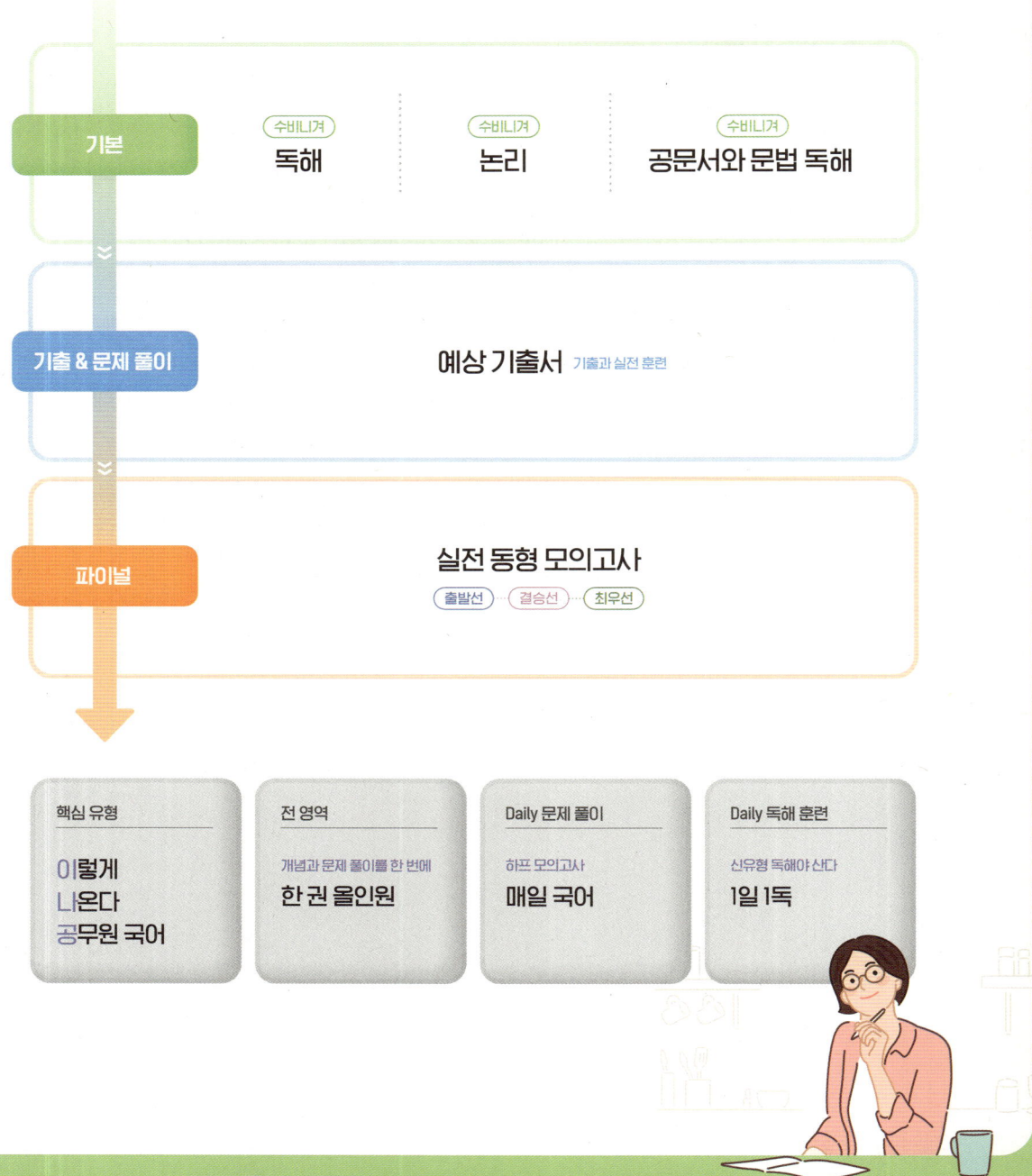

CONTENTS 차례

PART 1 | 명제 논리

01 논증의 개념과 유형 ········· 8

02 명제 논리 ① ········· 12

03 명제 논리 ② ········· 16

04 명제 논리 ③ ········· 24

05 명제 논리 ④ ········· 30

06 충분조건과 필요조건 ········· 38

　　연습 문제 ········· 46

PART 2 | 정언 논리

07 정언 논리 ① ········· 76

08 정언 논리 ② ········· 78

09 정언 논리 ③ ········· 84

10 정언 논리 ④ ········· 88

　　연습 문제 ········· 92

PART 3 | 술어 논리

11 술어 논리 ········· 104

12 논리의 오류 ········· 110

13 귀납 논증 ········· 118

　　연습 문제 ········· 124

정답과 해설

PART 1
명제 논리

선재국어 수비니겨 논리

올바른 추론의 방법은 물고기를 잡는 방법에 비유할 수 있습니다.

명제 논리는 덩어리가 큰 물고기를 잡을 때 쓰는 그물, 즉 튼튼하지만 성긴 그물코를 가진 그물과 같습니다.

술어 논리는 이것보다 훨씬 촘촘한 그물코를 가지고 있어서, 웬만한 물고기는 다 잡을 수 있는 촘촘한 그물과 비슷하고요.

다이어그램이나 삼단 논법 등은 양식장에서 물고기를 잡을 때 쓰는 낚싯대처럼, 일정한 조건을 갖춘 곳에서 유용하게 쓰이는 도구에 빗댈 수 있습니다.

앞으로 우리는 큰 그물코를 지닌 명제 논리부터 섬세한 술어 논리까지, 다양한 논리적 도구를 사용하는 방식을 익힐 것입니다. 즉 문제 유형에 따라 가장 알맞은 도구를 선택하는 방법부터 이 도구를 사용하여 논증의 타당성을 판단하는 방법까지 학습할 것입니다.

POINT 01 논증의 개념과 유형

	Yes	No
개념 이해	☐	☐
문제 이해	☐	☐

> **개념 POINT!**
> 1. **논증**이란 전제와 결론으로 구성된 추론 형식이다.
> 2. **연역 논증**은 전제가 참일 때 **결론이 필연적으로 참**인 논증으로, 논증의 타당성은 논증의 형식에 의해 평가된다.
> 3. **귀납 논증**은 전제가 참일 때 **결론이 개연적으로 참**인 논증이다. 따라서 전제와 결론의 지지 강도에 따라 논증의 올바름을 평가한다.

1. 논증의 개념과 구성

추론이란 어떤 생각을 근거로 하여 다른 생각을 도출해 내는 사고 과정을 말하며, 이러한 추론 과정의 언어적 표현을 논증이라고 한다.

논증 = 전제 + 결론
전제 지시어   결론 지시어

논증은 전제[premise]와 결론[conclusion]으로 구성되어 있다. 전제란 결론에 대한 근거를 제시하는 명제를 말하고, 결론이란 전제가 지지한다고 주장하는 명제를 말한다. 이때 결론은 전제보다 앞에 위치할 수도, 뒤에 위치할 수도 있다. 즉 전제와 결론의 순서가 중요한 것이 아니라 논리적 상관관계가 중요하다.

전제나 결론을 나타내기 위해 특정한 표현을 사용하는데, 전제를 나타내는 말(전제 지시어: premise indicator), 결론을 나타내는 말(결론 지시어: conclusion indicator)에는 다음과 같은 형태들이 있다.

- 전제 지시어: 왜냐하면, ~이므로, ~인 까닭에, ~이기 때문에, ~에서 알 수 있듯이 등
- 결론 지시어: 따라서, 그러므로, 그래서, 그 결과 ~을 함축한다, 그 결과 ~이다 등

이러한 논증은 설명과 다르다. 설명은 사건이나 현상을 알기 쉽게 제시하려는 목적으로 문장들을 나열하는 것이다. 이와 달리 논증은 전제를 바탕으로 새로운 결론을 도출하는 것이다. 그러므로 단순히 믿음을 나타내는 진술이나, 상황의 묘사, 사실적 보고 등도 논증과는 구별된다.

2. 연역 논증

(1) 개념과 특성

연역 논증[deductive argument]이란 전제가 참일 때 결론이 필연적으로 참이 도출되는 논증을 말한다. 결론의 내용은 전제의 내용 속에 이미 함축되어 있으므로, 연역 논증에서는 전제가 참이라면 결론도 필연적으로 참이다.

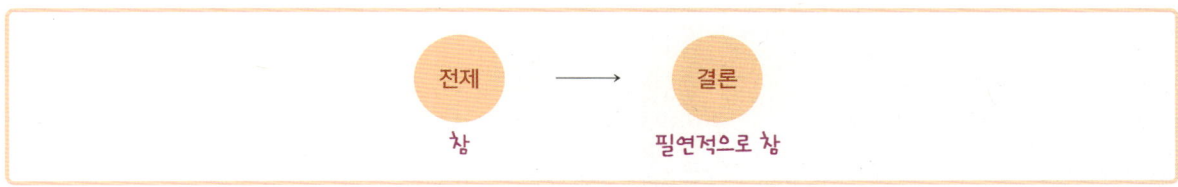

연역 논증은 결론에 있는 내용이 이미 전제 속에 포함되어 있기 때문에 앎의 범위를 확장하는 데에는 큰 역할을 하지 못한다. 다만 전제를 수용한다면 결론이 반드시 전제로부터 도출될 수 있음을 보여 준다.

(2) 논증의 타당성과 건전성

타당한 논증이란 전제가 참일 때 결론이 필연적으로 참이 보증되는 논증을 말한다. 연역 논증의 전제는 결론을 필연적으로 함축하는데, 이렇듯 전제와 결론의 지지 관계가 절대적인 경우는 타당한 것이고, 그렇지 못하면 부당한 것이다. 즉 논증이 타당하다면 전제가 모두 참인데 결론이 거짓이 되는 경우는 존재하지 않는다.

이러한 논증의 타당성은 논증 형식과 맞물려 있는데, 이를 보통 '타당한 논증은 타당한 형식 때문에 타당하다[Valid arguments are valid in virtue of their forms].'라고 표현한다.

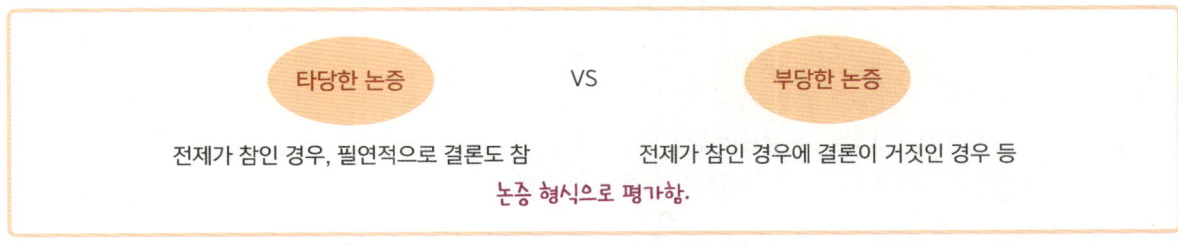

논증의 건전성이란 논증이 타당성을 만족시키는 것과 함께, 전제가 실제로 모두 참인 것을 말한다. 다음 /예시2/는 논증의 타당성은 충족했지만 건전성은 충족하지 못한 경우이다.

/예시1/ 모든 사람은 죽는다. → 전제가 참이면서 필연적으로 결론도 참: 타당성 획득
         소크라테스는 사람이다. → 각 전제가 모두 실제로 참
         따라서 소크라테스는 죽는다.   : 건전성 획득, 건전한 논증

/예시2/ 모든 사람은 하늘을 난다. → 전제가 참이고, 필연적으로 결론도 참: 타당성 획득
         소크라테스는 사람이다. → 첫 번째 전제가 거짓
         따라서 소크라테스는 하늘을 난다.   : 건전성 획득 못함, 건전하지 못한 논증

> **정리**
> • 논증 A는 타당하다. = A의 전제들이 모두 참이면, A의 결론은 참이다.
> • 논증 A는 건전하다. = A는 타당하고, 또한 A의 전제들이 모두 참이다.

3. 귀납 논증

(1) 개념과 특성

귀납 논증[inductive argument]이란 전제가 참이라고 해도 결론이 필연적으로 참으로 도출되지 못하는 논증, 즉 개연적 가능성이 있는 논증을 말한다. 전제들이 모두 참이라고 하더라도 결론은 참이 도출될 개연성이 높은 것이지, 필연적으로 참이 도출되지는 않는다.

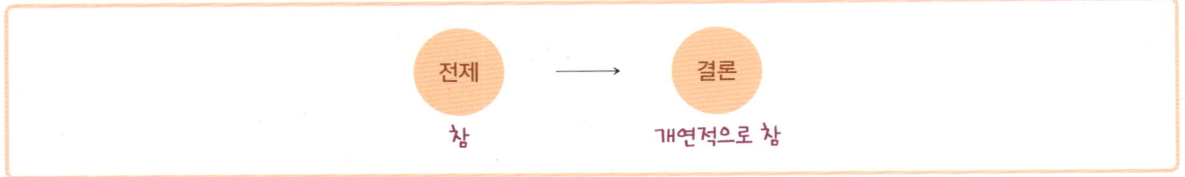

> 예) 농장에서 평생을 보낸 칠면조는 다음과 같은 추론을 하였다.
> - 나의 주인은 지금까지 매일 정성껏 나에게 먹이를 주었다.
> - 그러므로 주인은 오늘도 나에게 정성껏 먹이를 줄 것이다.
> 그러나 성탄절 전날, 주인은 지금까지와는 달리 칠면조에게 먹이를 주지 않고 칠면조를 죽이고 말았다.

귀납 논증은 전제가 포함하고 있는 내용으로부터 일종의 논리적 비약을 통해 결론을 이끌어 내기 때문에 결론의 내용은 전제의 내용을 넘어선다. 즉 귀납 논증은 전제가 참이라고 해도 결론이 거짓일 가능성이 항상 존재하며, 특히 반례가 나올 경우 결론이 언제나 바뀔 수 있는 불안정성이 존재한다.

이처럼 귀납 논증의 결론은 전제가 참이라고 해도 반드시 참은 아니지만, 전제가 말하지 않은 내용까지 덧붙여 말하고 있어 지식을 넓혀 가는 데 도움을 줄 수 있다는 장점이 있다.

(2) 귀납 논증의 강도

귀납 논증 중에서 전제가 참일 때 결론이 참일 개연성이 높은 논증을 강한[relatively strong] 논증이라고 한다. 반대로 전제가 참이라고 하더라도 결론을 그럴듯하게 보장해 주지 못하는 논증을 약한[relatively weak] 논증이라고 한다.

/ 예시1 / 철수가 국어 수업을 열심히 듣자 성적이 올랐다.
영희도 국어 수업을 열심히 들었더니 성적이 올랐다.
그러므로 국어 수업을 열심히 들으면 성적이 오를 것이다.

/ 예시2 / 철수가 3번을 찍었더니 정답을 맞혔다.
영희도 3번을 찍었더니 정답을 맞혀 점수가 올랐다.
따라서 모르는 문제는 3번을 찍으면 점수가 오를 것이다.

/ 예시1 /은 강한 논증에 속하고, / 예시2 /는 약한 논증에 속한다. 이렇듯 귀납 논증의 강도를 평가할 때는 경험이나 지식에서 나온 배경지식이 필요하고, 이러한 배경지식이 없을 경우 논증의 강도를 평가하는 데 한계가 있다.

연습하기

01~05 다음 진술에서 전제와 결론을 구분하여 표시하시오.

01 A: 철수는 죽는다.
　　B: 왜냐하면 모든 사람은 죽기 때문이다.

02 A: 열심히 공부하면 성적이 오른다.
　　B: 그러므로 철수 역시 성적이 오를 것이다.

03 A: 공무원은 겸직 금지의 의무를 가진다.
　　B: 그런 이유로 공무원인 영희는 다른 일에 종사할 수 없다.

04 A: 어제 수업은 정말 흥미로웠을 것이다.
　　B: 논리학 수업은 언제나 흥미로운 까닭이다.

05 A: 영희는 일 학년인 게 확실하다.
　　B: 그녀가 듣는 이 강의가 일 학년 대상이라는 것에서 알 수 있다.

보충 자료 　논리학의 기본 단위: 개념

논리학에서 사유의 기본 단위는 개념이며, 이를 구성하는 두 가지 요소는 내포와 외연이다.

개념의 **내포**란 개념이 담고 있는 대상의 특수한 속성을 말하고, **외연**이란 개념이 반영하고 있는 대상의 범위를 말한다. 이러한 개념의 내포와 외연은 반비례 관계를 지닌다. 즉 외연이 클수록 내포는 적고, 외연이 작을수록 내포는 많게 된다.

　예 과일 : 사과 : 빨간 사과 → '과일'이 외연은 가장 크지만, 내포는 가장 적다.

논리학은 개념 간의 모든 관계를 연구하는 것이 아니라 **개념의 외연의 측면으로부터 개념 간의 관계를 연구**한다. 따라서 두 개념 간의 관계는 외연의 범주에 따라 동일 관계, 상하 관계, 반대 관계, 모순 관계 등으로 나눌 수 있다.

POINT 02 명제 논리 ①
: 명제의 구성과 기호화

	Yes	No
개념 이해	☐	☐
문제 이해	☐	☐

개념 POINT!

1. 명제 논리란 명제의 배열 형식과 관계에 따라 타당성을 평가하는 논증 체계이다.
2. 명제 논리는 명제를 기본 단위로 하며, 단순 명제에 논리 연결사를 연결한 것을 복합 명제라고 한다.
3. 명제 논리의 타당성 판단: 일상 언어 → 인공 언어 체계로 변환 → 기호화 → 논증 형식으로 타당성 증명

1. 명제 논리의 개념과 구성

(1) 개념

명제 논리란 명제의 배열 형식과 관계에 따라 타당성이 결정되는 논증 체계를 말한다. 즉 일상 언어를 참과 거짓을 판단하기 쉬운 일종의 인공 언어 체계로 변환한 뒤, 논리적 형식을 사용하여 결론을 도출하는 방식을 말한다. 이때 명제는 기호를 사용하여 표현하기 때문에 기호 논리 체계라고도 한다.

(2) 명제 논리 체계의 구성 요소

명제 논리 체계는 단순 명제, 논리 연결사, 괄호를 구성 요소로 삼는다.

단순 명제 + 단순 명제 = 복합 명제

명제 논리는 하나의 단순 명제를 알파벳 대문자를 사용하여 기호화한다. 이러한 명제를 연결해서 쓰는 경우를 복합 명제라고 하며, 두 개 이상의 명제를 연결할 때는 다섯 개의 논리 연결사[logical connectives]를 사용한다. 또한 괄호는 명제 간의 애매함을 피하기 위하여 명제의 구조를 간결하고 확실하게 보여 주기 위해 사용한다.

① 단순 명제란 다른 명제나 논리 연결사를 포함하지 않는 명제로, 명제 논리의 가장 기본적인 단위이다.

　예 선재는 강사이다.

② 복합 명제란 단순 명제와 논리 연결사가 연결된 명제로, 일상 언어로 설명하자면 이어진문장과 부정문이 이에 해당한다.

　예 선재는 강사이고, 철수는 수험생이다.

2. 명제의 기호화

(1) 논리 연결사의 논리 기능

단순 명제를 묶어 복합 명제를 구성하게 하는 표현을 논리학에서는 연결사[cnnective]라고 한다.

명제 논리에서 쓰는 <u>논리 연결사</u>에는 '∧, ∨, →, ≡, ~'의 다섯 개가 있다. 즉 단순 명제에 논리 연결사를 결합하면 연언, 선언, 조건, 쌍조건, 부정 등의 복합 명제를 구성할 수 있는 것이다.

논리 연결사	복합 명제	논리 기능	일상적 표현	기호화
∧	연언문	연언	A 그리고(그러나, 그런데, 그럼에도 불구하고, 또한) B	A ∧ B
∨	선언문	선언	A이거나(또는, 혹은) B	A ∨ B
→	조건문	단순 함축	· 만약 A라면 B이다. · 단지 B인 경우에만 A이다.	A → B · A는 B이기 위한 충분조건이다. · B는 A이기 위한 필요조건이다.
≡	쌍조건문	단순 동치	만약 A라면 그리고 오직 그런 경우에만 B이다.	A ≡ B A는 B이기 위한 필요충분조건이다.
~	부정문	부정	· A는 거짓이다. · A는 사실이 아니다.	~A

- 철수는 학생이다. (단순 명제) ➡ 기호화 방식: A
- 선재는 국어 강사이다. (단순 명제) ➡ 기호화 방식: B

㉠ 철수는 학생이고, 선재는 국어 강사이다. (복합 명제) ➡ A ∧ B

㉡ 철수는 학생이거나, 선재는 국어 강사이다. (복합 명제) ➡ A ∨ B

㉢ 철수가 학생이라는 것은 거짓이지만, 선재는 국어 강사이다. (복합 명제) ➡ ~A ∧ B

㉣ 철수가 학생이고 선재는 국어 강사라는 것은 거짓이다. (복합 명제) ➡ ~(A ∧ B)

㉤ 철수가 학생이라면, 선재는 국어 강사일 것이다. (복합 명제) ➡ A → B

> **TIP 부정문은 복합 명제이다**
>
> 복합 명제는 '단순 명제+논리 연결사'의 구성을 취한다. 따라서 "철수는 학생이라는 것은 사실이 아니다(~A)."라는 문장은 단순 명제 'A'와 부정 기능의 논리 연결사 '~'로 구성되므로, 복합 명제에 속한다.

(2) 주 논리 연결사의 파악

경우에 따라 구조가 복잡한 복합 명제에서는 두 개 이상의 논리 연결사와 괄호가 쓰이기도 한다.

'**주 논리 연결사**[main logical connectives]'는 주요 부분을 연결해 주어, 복합 명제를 두 부분으로 구성해 주는 기능을 한다. 즉 '주 논리 연결사'를 어떻게 파악하는지에 따라 복잡한 구조의 복합 명제도 다섯 가지의 간단한 구조로 파악할 수 있다.

ㄱ (A ∨ B) ∧ (C ∨ D)   주 논리 연결사가 연언 기호 → 연언문

ㄴ A ∨ (B → C)   주 논리 연결사가 선언 기호 → 선언문

ㄷ A → (B ∨ C)   주 논리 연결사가 조건 기호 → 조건문

ㄹ (A ∨ B) ≡ (C ∧ D)   주 논리 연결사가 쌍조건 기호 → 쌍조건문

ㅁ ~(A ∨ B)   주 논리 연결사가 부정 기호 → 부정문

TIP 명제의 기호화

명제 논리에서 다루는 추론 규칙을 일상 논증에 적용하려면, 일상에서 사용하는 문장을 명제 논리의 언어로 나타내는 기호화[symbolization]를 해야 한다. 기호화를 위해서 먼저

① 일상 언어 문장이 단순 명제인지 복합 명제인지를 판단하고,

② 복합 명제인 경우, 어떤 논리 연결사를 사용하여 기호화하는 것이 가장 적절한지를 결정해야 한다.

연습하기

01~10 다음 명제를 기호화하시오.

01 훈민이 공무원이라면, 그는 성실하다.

02 그녀가 수업 시간에 졸았다는 말은 사실이 아니다.

03 진이의 봉사 정신이 투철하지 않다면, 그는 공직에 종사하는 사람이 아니다.

04 현재 취업률이 높고 물가도 높은 상황이다.

05 UFO가 있거나 외계 생명체가 있을 것이라는 주장은 터무니없다.

06 내가 공부를 열심히 한다면 시험에 합격할 것이고, 내가 공부를 열심히 하지 않는다면 시험에 합격하지 못할 것이다.

07 훈민이 열정적이면서 융통성 있는 직원이라는 것이 거짓이라면 그의 평판은 나쁠 것이다.

08 우리가 환경을 생각한다면, 우리는 대중교통을 이용하거나 물을 마음껏 쓰지 말아야 한다.

09 햇빛이 쨍쨍하면 그리고 오직 그런 경우에만 날씨가 따뜻해진다.

10 술을 마시지 않고 담배를 피우지 않는 사람이라면, 그리고 오직 그런 경우에만 건강하다.

11~15 다음 복합 명제를 기호화하고, 명제의 종류를 쓰시오.

11 철수는 일행직 공무원이거나 소방직 공무원이다.

12 만약 철수가 성실한 학생이라면, 철수는 합격할 것이다.

13 철수는 수험생이지만, 성실한 학생은 아니다.

14 국어 시험이 지나치게 어렵거나 쉽다는 것은 모두 사실이 아니다.

15 만약 논리 문제가 나오지 않는다면 국어 시험은 지금보다 훨씬 재미있지 않을 것이며, 또한 만약 문법 문제가 많이 나온다면 국어 시험은 지금보다 훨씬 난도가 높아질 것이다.

POINT 03 명제 논리 ② : 논증의 타당성 판단 – 진리표

	Yes	No
개념 이해	☐	☐
문제 이해	☐	☐

개념 POINT!

1. **진리표**란 단순 명제의 진릿값이 복합 명제의 진릿값을 결정하는 모든 경우를 표로 나타낸 것이다.
2. **복합 명제의 진릿값**은 단순 명제들의 진릿값으로 결정된다. (단순 명제의 진릿값을 알면 복합 명제의 진릿값을 바로 판단할 수 있고, 모르는 경우에도 모든 조합을 고려하여 진릿값을 추론할 수 있다.)

지금까지 우리는 일상 언어를 일종의 인공 언어로 표준화한 다음에, 이를 기호화하고 논리 연결사로 연결하는 방식을 익혔다. 그렇다면 이번에는 논리 연결사의 의미를 정확하게 이해하고, 이를 바탕으로 논증의 참과 거짓을 도출하기 위해 **진리표**[truth-table]를 사용하는 방법을 익혀 보자.

1. 명제 논리의 진리 함수적 특성

명제 논리는 진리 함수적[truth-functional]이라는 특성을 지닌다. 즉 **명제 논리에서 복합 명제의 진릿값은 단순 명제들의 진릿값에 의해 결정**된다. 즉 수학의 함수에서 함숫값이 각각의 독립 변수의 값에 의해 결정되는 것처럼, 복합 명제의 참과 거짓은 단순 명제의 진릿값에 의해 결정되는 것이다.

> 예 • $f(x) = 2x + 1$: x의 값이 3일 때, $f(x) = 7$
> • $(A \land B) \to C$: A와 B가 참이고 C가 거짓일 때, '$(A \land B) \to C$'는 무조건 거짓

이때 **단순 명제의 진릿값이 복합 명제의 진릿값을 결정하는 모든 경우를 표로 나타낸 것**이 바로 진리표이다. 진리표를 사용하면 논리 연결사의 의미가 정확하게 나타나서 명제의 참과 거짓을 보다 명료하게 파악할 수 있다.

2. 복합 명제의 진리표

단순 명제		복합 명제				
P	Q	P∧Q	P∨Q	P→Q	P≡Q	~P
T	T	T	T	T	T	F
T	F	F	T	F	F	F
F	T	F	T	T	F	T
F	F	F	F	T	T	T

TIP 진리표의 조합 줄의 수

n 종류의 단순 명제 = 2^n(2의 n승)

예 • 2개의 단순 명제 = 2^2 = 4줄의 진리표 • 3개의 단순 명제 = 2^3 = 8줄의 진리표

(1) 연언문(p ∧ q)

① 연언 기호의 특성

일상 언어에서 쓰이는 연언문은 연결의 의미뿐만이 아니라 시간의 선후 관계나 인과적 의미를 나타낼 때가 있다. 그러나 명제 논리에서의 연언문은 선후나 인과의 의미를 지니지 않는다.

- ㉠ 왕이 죽고, 왕비가 죽었다. (= 왕비가 죽고, 왕이 죽었다.)
       A ∧ B   B ∧ A

- ㉡ 철수는 결혼을 하고, 아이를 낳았다. (= 철수는 아이를 낳고, 결혼을 하였다.)
       A ∧ B   B ∧ A

일상 언어에서 ㉠은 단순한 시간적 순서를 나타낼 수도 있지만, '왕이 죽었고, (슬픔으로 인해) 왕비가 죽었다.'라는 인과 관계를 나타낼 수도 있다. 또한 ㉡ 역시 결혼을 한 다음에 아이를 낳았다는 선후 관계를 나타내므로 앞뒤 문장의 순서를 바꾸면 의미가 달라진다.

그러나 명제 논리에서는 연언지 앞뒤의 순서를 고려하지 않으므로, 두 명제는 동일한 의미를 갖는 것이다.

② 연언문(p ∧ q)의 진리표

연언 기호(∧) 앞뒤의 단순 명제(p, q)의 진릿값에 의해 연언문의 진릿값이 결정된다.
p와 q가 모두 참일 경우에만 복합 명제인 'p ∧ q'가 참이다.

p	q	p ∧ q
T	T	T
T	F	F
F	T	F
F	F	F

① '선재는 강사이다.'가 참이고 '철수는 학생이다.'가 참이면, '선재는 강사**이고** 철수는 학생이다.'는 **참**이다.

② '선재는 강사이다.'가 참이고 '철수는 학생이다.'가 거짓이면, '선재는 강사**이고** 철수는 학생이다.'는 **거짓**이다.

(2) 선언문(p ∨ q)

① 선언 기호의 특성

선언 기호는 포괄적으로 넓게 해석될 수도 있고, 배타적으로 좁게 해석될 수도 있다.

- ㉠ 철수는 국어 시험에서 만점을 받았거나 영어 시험에서 만점을 받았다. (철수는 국어 시험과 영어 시험에서 모두 만점을 받았을 수도 있다.)

- ㉡ 철수는 오후에 국어를 공부하거나 영어를 공부한다. (철수는 국어와 영어를 동시에 공부할 수는 없다.)

㉠은 선언 기호 앞뒤의 명제가 모두 참이 되는 경우를 허용하는 선언문으로, 이를 포괄적 선언문이라고 한다. 반면 ㉡은 선언 기호 앞뒤의 명제가 모두 참이 되는 경우를 배제하는 배타적 선언문이다.

일상 언어에서는 포괄적 선언문과 배타적 선언문을 모두 사용하지만, 명제 논리에서는 포괄적 선언문을 사용한다. 즉 두 선언지가 모두 참이 되는 경우를 허용하는 것이다.

② 선언문(p ∨ q)의 진리표

p 또는 q 중에서 적어도 하나가 참이면 복합 명제 'p ∨ q'는 참이 된다. 즉 p와 q 모두가 거짓일 때만 선언문인 'p ∨ q'는 거짓이다.

p	q	p ∨ q
T	T	T
T	F	T
F	T	T
F	F	F

① '선재는 강사이다.'가 참이고 '철수는 학생이다.'가 참이면, '선재는 강사이거나 철수는 학생이다.'는 참이다.

② '선재는 강사이다.'가 참이고 '철수는 학생이다.'가 거짓이면, '선재는 강사이거나 철수는 학생이다.'는 참이다.

(3) 조건문(p → q)

① 조건 기호의 특성

조건문은 전건, 후건, 논리적 연결사의 세 부분으로 구성되어 있다. 명제 논리의 조건문은 단순 함축[material implication]의 기능을 지니고 있다. 즉 명제 논리의 조건문은 인과나 논리 등의 실제적인 함축 관계를 나타내는 것이 아니라, 단지 전건이 참이고 후건이 거짓이면, 그 명제는 거짓이라는 것을 나타낸다(p가 참이면서 q가 거짓일 수는 없다.). 즉 전건이 참이면서 후건이 거짓인 경우에, 그리고 오직 그러한 경우에만 조건문은 거짓이 된다는 것이다.

또한 조건문을 상황의 유무 측면에서 조건의 성격을 본다면, 조건은 충분조건, 필요조건, 필요충분조건으로 나눌 수 있다.

② 조건문(p → q)의 진리표

전건인 p가 참이고 후건인 q가 거짓일 때만, 조건문 'p → q'의 진릿값은 거짓이다. 이때 전건인 p가 거짓인 경우는 후건인 q가 참이든 거짓이든 관계없이, 조건문은 항상 참이 된다는 점을 주의해야 한다.

p	q	p → q
T	T	T
T	F	F
F	T	T
F	F	T

① '선재는 강사이다.'가 참이고 '철수는 학생이다.'가 참이면, '선재가 강사이면 철수는 학생이다.'는 참이다.

② '선재는 강사이다.'가 참이고 '철수는 학생이다.'가 거짓이면, '선재가 강사이면 철수는 학생이다.'는 거짓이다.

③ '선재는 강사이다.'가 거짓이고 '철수는 학생이다.'가 참이면, '선재가 강사이면 철수는 학생이다.'는 참이다.

> **TIP 조건문과 연관된 동치 규칙**
>
> 1. 조건문이 참인 경우 = 전건이 참이면서 후건이 거짓인 경우는 없다.
> $A → B ≡ \sim(A \land \sim B) ≡ \sim A \lor B$
>
> 2. 조건문이 거짓인 경우 = 전건이 참이면서 후건이 거짓인 경우이다.
> $\sim(A → B) ≡ A \land \sim B$

> **보충 자료** 전건이 거짓이면, 왜 조건문의 진릿값은 무조건 참일까
>
> 학생들이 가장 어려워하는 내용 중의 하나이다. 조건문의 정의에 따라, **전건이 참이고 후건이 거짓이면 조건문의 진릿값은 거짓**이 된다. 그런데 왜 **전건이 거짓일 때 조건문은 항상 참**이 되는 것일까. 다음의 예를 생각해 보자.
>
> > 어느 날 복권방을 지나가면서 선재가 영호에게 약속을 했다.
> > "영호야, 내가 복권 100억 원에 당첨이 되면, 내가 너에게 1억 원을 줄게."
> >   전건   후건
>
> **1. 전건이 참인 경우**
>   ① 선재가 진짜 100억 원짜리 복권에 당첨이 되었다고(전건이 참) 하자. 선재가 약속대로 영호에게 1억 원을 주면, 선재의 말은 참이 된다. (T → T ⇒ T)
>   ② 그런데 선재가 100억 원짜리 복권에 당첨되었는데도 영호에게 1억 원을 주지 않았다면, 선재의 말은 거짓이 된다. (T → F ⇒ F)
>
> **2. 전건이 거짓인 경우**
>   ① 선재가 100억 원짜리 복권에 당첨되지는 않았지만(전건이 거짓), 다른 곳에 투자하여 대박이 났다. 그래서 선재는 기분이 좋아서 영호에게 1억 원을 주었다. (F → T)
>   ② 그리고 선재가 100억 원짜리 복권에 당첨되지 않았고, 영호에게 1억 원을 주지도 않았다. (F → F)
>
> 그렇다면 이 경우, 선재는 거짓말을 한 것일까? 선재가 100억 원짜리 복권에 당첨되었다는 것이 거짓인 경우, 즉 전건이 거짓인 경우에는 영호에게 1억 원을 주든 말든, 선재가 거짓말을 한 것은 아닌 것이다. 따라서 조건문의 진릿값은 전건이 거짓이면 무조건 참이 된다.

(4) 쌍조건문(p ≡ q)

① 쌍조건 기호의 특성

명제 논리의 쌍조건문은 두 조건문을 연언 형태로 연결한 것으로서, 단순 동치 관계를 나타낸다.

② 쌍조건문(p ≡ q)의 진리표

쌍조건문은 '(A → B) ∧ (B → A)'를 나타낸다. 따라서 p와 q가 모두 참이거나 모두 거짓일 때, 즉 두 구성 요소의 진릿값이 같으면 쌍조건문 'p ≡ q'는 참이 된다.

p	q	p ≡ q
T	T	T
T	F	F
F	T	F
F	F	T

① '선재는 강사이다.'가 참이고 '철수는 학생이다.'가 참이면, '선재는 강사**이고, 그리고 오직 그러한 경우에만** 철수는 학생이다.'는 **참**이다.

② '선재는 강사이다.'가 참이고 '철수는 학생이다.'가 거짓이면, '선재는 강사**이고, 그리고 오직 그러한 경우에만** 철수는 학생이다.'는 **거짓**이다.

(5) 부정문(~p)

① 부정 기호의 특성

부정문은 복합 명제이다. 복합 명제는 '단순 명제 + 논리 연결사'의 구성을 취한다. 따라서 "철수는 학생이라는 것은 사실이 아니다(~A)."라는 문장은 단순 명제 'A'와 부정 기능의 논리 연결사 '~'로 구성되므로, 복합 명제에 속하는 것이다.

또한 **연언의 부정은 선언, 선언의 부정은 연언**으로 나타난다는 특성을 지닌다.

② 부정문(~p)의 진리표

부정 기호는 단순 긍정 명제와 결합하여 부정의 진릿값을 지닌 복합 명제를 만드는 기능을 지닌다. 따라서 단순 명제 p의 부정은 항상 p와 반댓값을 갖는다. 즉 p가 참일 때 ~p는 거짓이고, p가 거짓일 때 ~p는 참이다.

p	~p
T	F
F	T

① '선재는 강사이다.'가 **참**이면,
   '선재가 강사**라는 것은 거짓이다.**'는 **거짓**이다.

② '선재는 강사이다.'가 **거짓**이면,
   '선재가 강사**라는 것은 사실이 아니다.**'는 **참**이다.

정리

	일상 언어	명제 논리
연언문	선후, 인과 ○	선후 관계 ×, 단순 연결
선언문	포괄적, 배타적	포괄적 선언만 인정
조건문	논리적 함축 등	단순 함축
쌍조건문	실제적인 함축 등	단순 동치

보충 자료 — 진리표로 논증의 타당성 평가하기

만약 철수가 열심히 공부했다면, 철수는 국어 시험을 잘 봤을 것이다. 그런데 철수는 국어 시험을 잘 봤다. 그러므로 철수는 열심히 공부했을 것이다.

위의 논증은 두 개의 단순 명제로 구성된 복합 명제이므로, 진리표의 줄은 2의 n승, 즉 네 줄이 필요하다.

- 철수가 열심히 공부했다.: A
- 철수가 국어 시험을 잘 봤을 것이다.: B

A	B	A → B 전제 1	B 전제 2	A 결론
T	T	T	T	T
T	F	F	F	T
F	T	T	T	F
F	F	T	F	F

세 번째 줄을 보면, 전제 1과 전제 2가 모두 참인데 결론이 거짓인 경우가 있으므로, 이 논증은 타당하지 않다.

연습하기

01 제시된 복합 명제의 진릿값을 빈칸에 넣으시오.

단순 명제		복합 명제				
P	Q	P∧Q	P∨Q	P→Q	P≡Q	~P
T	T					
T	F					
F	T					
F	F					

02~11 다음 ☐ 안에 '참, 거짓, 알 수 없음'을 넣으시오.

02 A가 참이고 B가 거짓일 때, 'A ∧ B'는 ☐ 이다.

03 A의 진릿값을 알지 못하고 B가 참일 때, 'A ∨ B'는 ☐ 이다.

04 A가 거짓이고 B도 거짓일 때, 'A → B'는 ☐ 이다.

05 A가 참이고 B의 진릿값을 알지 못할 때, 'A ∧ B'는 ☐ 이다.

06 A가 참이고 B가 거짓일 때, 'A → B'는 ☐ 이다.

07 A의 진릿값을 알지 못하고 B가 거짓일 때, 'A → B'는 ☐ 이다.

08 A가 거짓이고 B도 거짓일 때, '~A ∧ ~B'는 ☐ 이다.

09 A가 참이고 B가 거짓일 때, '~(A ∨ B)'는 ☐ 이다.

10 A가 참이고 B도 참일 때, 'A → ~B'는 ☐ 이다.

11 A가 거짓이고 B도 거짓일 때, 'A ≡ B'는 ☐ 이다.

12~13 다음 논증의 참과 거짓을 진리표를 이용하여 판단하시오.

12

A이면 B이다.	A → B
A가 아니다.	~A
그러므로 B가 아니다.	∴ ~B

A	B	A → B 전제 1	~A 전제 2	~B 결론
T	T			
T	F			
F	T			
F	F			

→ 타당한 / 부당한 논증이다.

13

A이면 B이다.	A → B
B가 아니다.	~B
그러므로 A가 아니다.	∴ ~A

A	B	A → B 전제 1	~B 전제 2	~A 결론	* ~B → ~A 논리적 동치
T	T				
T	F				
F	T				
F	F				

→ 타당한 / 부당한 논증이다.

*마지막 칸의 '~B → ~A'의 진릿값은 'T, F, T, T'로, 전제 1인 'A → B'의 진릿값인 'T, F, T, T'와 일치한다. 즉 두 복합 명제는 각 줄에서 서로 같은 진릿값을 가졌으므로, 이 복합 명제들은 논리적 동치[logically equivalence]이다.

14 다음 글을 읽고 ①~⑤에 알맞은 내용을 넣으시오.

철수: 선생님, 진리표를 공부해야 하는 이유를 잘 모르겠어요. 외우기도 힘든데, 이게 꼭 필요할까요?

선재 쌤: 명제 논리는 단순 명제 단위의 진릿값을 기반으로 참과 거짓을 판단하기 때문에 진리표를 이해하는 과정이 필요해. 진리표를 통해 논증의 타당성을 판단하는 과정을 한번 연습해 보도록 할까?
철수야, 다음 논증을 기호화하고 진리표를 작성해 보렴.

> 만약 철수가 열심히 공부했다면, 철수는 국어 시험을 잘 봤을 것이다.
> 그런데 철수는 국어 시험을 잘 봤다.
> 그러므로 철수는 열심히 공부했을 것이다.

철수: 음…… '철수가 열심히 공부했다.'와 '철수는 국어 시험을 잘 봤다.'라는 두 개의 단순 명제가 조건 기호로 연결된 조건문이군요.

선재 쌤: 그래. 두 개의 단순 명제로 구성된 복합 명제이므로, 진리표의 줄은 2의 n승, 즉 네 줄이 필요하겠지? 그러면 다음과 같이 정리될 수 있을 거야.

- 철수가 열심히 공부했다.: A
- 철수가 국어 시험을 잘 봤다.: B

A	B	A → B 전제 1	B 전제 2	A 결론
T	T	T	T	T
T	F	F	F	T
F	T	①	②	③
F	F	T	F	F

철수: 아, 세 번째 줄을 보면, 전제 1과 전제 2가 ④ 　　　 이므로, ⑤ 　　　 논증이군요.

선재 쌤: 그렇단다. 이렇듯 진리표는 복합 명제가 나타낼 수 있는 모든 경우의 조합을 보여 주어서, 전제가 참인데도 결론이 거짓인 경우는 없다는 연역 논증의 타당성을 나타낼 수 있지. 그런데 매번 이런 식으로 진리표를 쓰면서 모든 논증을 검증하기에는 너무 시간이 많이 들잖니. 그래서 학자들이 이미 검증해 놓은 타당한 추론 규칙을 학습하는 거란다.

철수: 네. 이제 진리표를 통해 논증의 타당성을 검증하는 방식을 알겠어요. 이것을 이해했으니 이제 이미 검증된 추론 규칙을 배워야겠군요.

POINT 04 명제 논리 ③ : 함축 규칙

개념 POINT!

1. **추론 규칙**은 논증의 타당성을 판단하는 것으로, **함축 규칙**이란 타당한 논증 형식을 통해 전제들로부터 함축된 결론을 이끌어 내는 규칙이다.

2. 명제 논리 형태로 된 옳은 추론은 함축 규칙만 사용해도 대부분 증명이 된다. 따라서 전제로부터 결론을 도출하는 방식을 익숙히 사용하도록 함축 규칙을 훈련해야 한다.

1. 논증의 타당성 판단 — 함축 규칙과 동치 규칙

앞에서 우리는 진리표를 사용하여 논증의 타당성을 확인하는 방식에 대해 학습하였다. 이제 정해진 추론 규칙[rule of inference]에 따라 논증의 타당성을 증명하는 과정을 학습할 차례이다.

논증의 타당성을 판단하는 추론 규칙에는 함축 규칙과 동치 규칙이 있다.

함축 규칙이란 타당한 논증 형식을 통해 전제들로부터 함축된 결론을 이끌어 내는 규칙을 말한다. 이 추론 규칙은 우리의 일상적 사고방식을 형식화한 것으로, 매우 직관적인 추론 방식이다.

또한 동치 규칙이란 제시된 명제를 논리적으로 동치인 명제로 바꾸는 데 사용되는 것으로, 대치 규칙이라고도 한다.

추론 능력을 키우려면 다음에 제시된 함축 규칙과 동치 규칙을 사용하여 타당한 결론을 도출하는 연습을 많이 해야 한다. 또한 이를 위해서 어떤 전제를 추가해야 하는지도 논리적으로 판단하는 연습을 꾸준히 해야 한다.

2. 타당한 논증 형식 ① — 함축 규칙

(1) 전건 긍정식 제거	(2) 후건 부정식	(3) 가언 삼단 논법
$p \to q$ p $\therefore q$	$p \to q$ $\sim q$ $\therefore \sim p$	$p \to q$ $q \to r$ $\therefore p \to r$
(4) 연언지 단순화 제거	(5) 연언화 도입	(6) 선언 삼단 논법(선언지 제거법)
$p \land q$ $p \land q$ $\therefore p$ $\therefore q$	p q $\therefore p \land q$	$p \lor q$ $\sim p$ $\therefore q$
(7) 선언지 첨가법 도입	(8) 단순 양도 논법	(9) 흡수 규칙
p $\therefore p \lor q$	$p \lor q$ $p \to r$ $q \to r$ $\therefore r$	$p \to q$ $\therefore p \to (p \land q)$

(1) 전건 긍정식[modus ponens]: 조건언 제거

p → q p ───── ∴ q	만약 비가 온다면, 땅이 젖을 것이다. 비가 온다.　　　　　　　전건 긍정 ───────────────── ∴ 땅이 젖을 것이다.　　　결론: 타당함

① 조건문의 앞 문장인 전건을 긍정하여 뒤 문장인 후건을 도출하는 추론 규칙이다. 앞에서 학습한 진리표에 따르면, 'p → q'가 참일 경우, 전건이 참이면 후건이 거짓일 수는 없다. 따라서 전건 p가 참이므로, 결론 q가 참으로 도출되는 것이다.

② 그러나 후건을 긍정하면 반드시 참인 결론을 도출할 수 없으므로, 후건 긍정을 통한 결론 도출은 타당하지 않다. (후건 긍정의 오류)

　　예) 만약 비가 온다면, 땅이 젖을 것이다.　　전제 1
　　　　땅이 젖었다.　　　　　　　　　　　　전제 2: 후건 긍정
　　　　─────────────────
　　　　그러므로 비가 왔을 것이다.　　　　　　결론: 타당하지 않음. 후건 긍정의 오류

(2) 후건 부정식[modus tollens]

p → q ~q ───── ∴ ~p	만약 비가 온다면, 땅이 젖을 것이다. 땅이 젖지 않았다.　　　　　후건 부정 ───────────────── ∴ 비가 오지 않았을 것이다.　결론: 타당함

① 조건문의 후건을 부정하여 전건의 부정을 도출하는 추론 규칙이다. 첫 번째 전제가 p라는 조건이 주어지면 q라는 결과가 나온다고 주장하는데, q라는 결과가 나오지 않았으므로 결론적으로 p라는 조건도 주어지지 않았다고 추론하는 것이다.

② 그러나 전건을 부정하여 결론을 도출하는 방식은 타당하지 않다. (전건 부정의 오류)

　　예) 만약 비가 온다면, 땅이 젖을 것이다.　　전제 1
　　　　비가 오지 않았다.　　　　　　　　　　전제 2: 전건 부정
　　　　─────────────────
　　　　그러므로 땅이 젖지 않았을 것이다.　　　결론: 타당하지 않음. 전건 부정의 오류

(3) 가언 삼단 논법[hypothetical syllogism]

p → q q → r ───── ∴ p → r	만약 비가 온다면, 땅이 젖을 것이다. 만약 땅이 젖는다면, 길이 미끄러울 것이다. ───────────────────── ∴ 만약 비가 온다면, 길이 미끄러울 것이다.

가언 삼단 논법(가정적 삼단 논법)은 조건 명제에 의존한다. 이 규칙은 조건 삼단 논법과 연쇄 논법이 결합한 것으로, 조건 삼단 논법의 발전된 형식이라고 할 수 있다.

(4) 연언지 단순화[simplification]

p ∧ q	철수는 국어를 잘하고 영어를 잘한다.
∴ p	∴ 철수는 국어를 잘한다. (철수는 영어를 잘한다.)

말 그대로 논증을 단순화하는 것이다. 앞에서 학습한 진리표에 따르면, 연언문인 'p ∧ q'가 참이 되는 경우는 p와 q가 모두 참인 경우이다. 따라서 이 전제로부터 우리는 각각의 단순 명제가 참임을 추론할 수 있다.

(5) 연언화[conjunction]

p	철수는 국어를 잘한다.
q	철수는 영어를 잘한다.
∴ p ∧ q	∴ 철수는 국어를 잘하고, 영어를 잘한다.

연언화는 두 개의 전제를 하나로 묶는 논증 방식이다. 이 규칙은 연언문을 결론으로 얻기 위해, 연언문을 구성하는 각각의 단순 명제가 참이라는 전제를 확보해야 한다는 것을 말해 준다. 즉 'p ∧ q'가 참이 되기 위해서는 p와 q 각각이 참이라는 전제를 확보해야 하는 것이다.

(6) 선언 삼단 논법[disjunctive syllogism](선언지 제거법)

p ∨ q	오늘은 비가 오거나 눈이 올 것이다.
~p	오늘은 비가 오지 않았다.
∴ q	∴ 오늘은 눈이 올 것이다.

이 논증 형식은 두 개의 조건이 주어지고 그중 하나가 부정되므로 나머지 하나의 조건이 결론적으로 긍정된다는 것을 보여 준다.

① 선언문의 정보는 연언문의 정보에 비해 상대적으로 약한 정보이다. 왜냐하면 '눈이 오고 비가 온다.'라는 연언문이 참이라면 우리는 바로 '따라서 눈이 오는 것은 참이다.'라는 정보를 추론할 수 있다. 그러나 '눈이 오거나 비가 온다.'라는 선언문이 참이라고 해서 '눈이 오는 것이 참이다.'라는 정보를 추론할 수는 없다.

이처럼 우리는 선언문만 가지고는 확정적인 정보를 도출할 수는 없다. 따라서 <u>선언문이 나올 때는 선언지 제거를 통하거나 양도 논법 등을 통해서 확정적 정보를 얻는 과정을 취하는 것이 일반적이다.</u>

② 또한 논증에서 쓰이는 선언문은 포괄적 선언문이기 때문에, 선언지 중 하나를 긍정한다고 해서 나머지가 부정되지는 않는다. (선언지 긍정의 오류)

예 오늘은 비가 오거나 눈이 온다.
오늘은 비가 온다. 따라서 오늘은 눈이 오지 않는다. → 선언지 긍정의 오류

(7) 선언지 첨가법[addition]

p	오늘은 비가 온다.
∴ p ∨ q	∴ 오늘은 비가 오거나 눈이 온다.

선언지 첨가법은 전제에 또 다른 명제를 더해서 결론을 도출하는 방식이다. 진리표에 따라, 결론인 'p ∨ q'가 참임을 증명하기 위해서는 p나 q 중 하나만 참이라는 정보를 확보하면 된다.

(8) 단순 양도 논법[dilemma]

p ∨ q p → r q → r	공무원 논리 시험은 쉽게 나오거나 어렵게 나올 것이다. 철수는 논리 시험이 쉽게 나와도 공부를 한다. 철수는 논리 시험이 어렵게 나와도 공부를 한다.
∴ r	∴ 철수는 공부를 한다.

양도 논법(딜레마)은 다양한 형식으로 변형될 수 있다.

① 구성적 양도 논법[constructive dilemma]
전건 긍정식 두 개가 복합적으로 결합되어 있는 형식이다.

예 철수는 일행직을 준비하거나 소방직을 준비한다.　　　　　　p ∨ q
　　만일 철수가 일행직을 준비한다면, 일행직 공무원이 될 것이고,　p → r
　　소방직을 준비한다면, 소방직 공무원이 될 것이다.　　　　　　q → s
　　∴ 철수는 일행직 공무원이 되거나 소방직 공무원이 될 것이다.　∴ r ∨ s

② 파괴적 양도 논법[destructive dilemma]
후건 부정식 두 개가 복합적으로 결합되어 있는 형식이다.

예 철수는 행정학을 공부하지 않거나 소방학을 공부하지 않는다.　~p ∨ ~q
　　만일 철수가 일행직을 준비한다면, 행정학을 공부해야 하고,　　r → p
　　소방직을 준비한다면, 소방학을 공부해야 한다.　　　　　　　　s → q
　　∴ 철수는 일행직을 준비하지 않거나 소방직을 준비하지 않는다.　∴ ~r ∨ ~s

(9) 흡수 규칙[absorption]

p → q	비가 오면 땅이 젖는다.
∴ p → (p ∧ q)	∴ 만약 비가 오면, 비가 오고 땅이 젖을 것이다.

조건언은 후건에 전건을 연접해도 타당하다는 추론 형식을 말한다.

보충 자료 | 문제를 풀 때, 어떤 규칙을 사용할까

문제를 풀기 위해서는 결론을 구성하는 명제들이 전제의 어떤 부분에 들어 있는지를 살피고, 그 명제들을 도출할 수 있는 방법을 생각해야 한다.

1. 전건 긍정식과 후건 부정식 → 조건문을 분리해서 일부 요소를 얻고자 할 때 사용
2. 선언 삼단 논법 → 선언문을 분리해서 일부 요소를 얻고자 할 때 사용
3. 양도 논법 → 선언문이 하나, 조건문이 두 개일 때 사용
4. 가언 삼단 논법 → 조건문에서 다른 조건문을 끌어낼 때 사용
5. 선언지 첨가법 → 전제에 없는 명제가 결론을 구성하고 있을 때 사용

또한 함축 규칙은 논증의 형식을 이용한 것들이어서 명제에 부분적으로 적용할 수 없다.
이와는 달리 다음에 학습하는 대치 규칙은 명제 전체나 일부에 적용할 수 있다는 점도 기억하자.

연습하기

정답과 해설 4쪽

01~05 전제가 참이라고 할 때, 다음 논증들의 타당성을 판별하시오.

01 $A \rightarrow B$, B / 따라서 A 타당 | 부당

02 $A \vee {\sim}B$, B / 따라서 A 타당 | 부당

03 $A \rightarrow B$, $A \vee C$, ${\sim}C$ / 따라서 B 타당 | 부당

04 $A \wedge B$, $B \rightarrow {\sim}C$ / 따라서 $A \wedge {\sim}C$ 타당 | 부당

05 ${\sim}A \vee {\sim}B$, $C \rightarrow A$, $C \rightarrow B$ / 따라서 ${\sim}C$ 타당 | 부당

06~10 다음에 제시된 명제가 참이라고 할 때, 도출할 수 있는 타당한 결론을 쓰시오.

06 A가 참이거나 B가 참이다. B는 거짓이다. 따라서 _____.

07 A가 참이면, B도 참이다. A가 참이다. 따라서 _____.

08 A가 참이거나 B가 참이다. A가 참이라면 C가 참이다. B가 참이라면 C가 참이다. 따라서 _____.

09 세계 경제 침체가 오래되면 실업난이 발생할 것이다. 실업난이 발생하지 않았다. 따라서 _____.

10 철수는 시험에 대한 걱정을 하거나 걱정을 안 한다. 철수는 걱정을 해도 공부를 안 한다. 철수는 걱정을 안 해도 공부를 안 한다. 따라서 철수는 _____.

11~15 전제들이 참이라고 할 때, 다음 논증들을 기호화하여 그 타당성을 판별하시오.

11 세종 대왕은 존경받는 왕이었다. 그러므로 세종 대왕은 존경받는 왕이었거나 또는 존경받는 학자였다. 〔타당 | 부당〕

12 정치인들의 부정부패가 없어진다면, 국가 경제는 활성화될 것이다. 그런데 정치인들의 부정부패가 없어지지 않았다. 따라서 국가 경제는 활성화되지 못한다. 〔타당 | 부당〕

13 철수가 냉철한 성격이라면, 그는 최선의 선택을 했을 것이다. 철수가 최선의 선탁을 했다면, 그는 돈을 많이 벌었을 것이다. 그러나 철수는 돈을 많이 벌지 못했다. 그러니 철수는 냉철한 성격이 아님이 틀림없다. 〔타당 | 부당〕

14 그 회사의 주식값이 상승하거나 그 회사가 매각될 것이다. 그런데 그 회사는 매각될 것이다. 따라서 그 회사의 주식값은 상승하지 않을 것이다. 〔타당 | 부당〕

15 철수와 영희 가운데 적어도 한 사람은 공무원이다. 그런데 철수는 공무원이 아니다. 따라서 영희가 공무원이다. 〔타당 | 부당〕

POINT 05 명제 논리 ④ : 대치 규칙

	Yes	No
개념 이해	☐	☐
문제 이해	☐	☐

> **개념 POINT!**
> 1. **대치 규칙**이란 진릿값이 동일한 복합 명제들, 즉 논리적 동치 관계인 명제들은 언제나 바꾸어 쓸 수 있다는 것을 말한다.
> 2. 함축 규칙과 함께 논증의 타당성을 증명하는 규칙이므로, 문제에 적용하는 훈련을 충분히 해야 한다.

1. 논리적 동치의 개념

논리적 동치[logically equivalence]는 각 명제의 진릿값이 모든 경우에 일치하는 명제들의 관계를 말한다. 이 명제들은 진릿값이 모든 경우에 똑같기 때문에 언제든지 바꾸어 사용할 수 있다.

예를 들어 'A → B'와 '~A ∨ B'의 진릿값은 'T, F, T, T'로 완전히 일치하는데, 이러한 관계의 복합 명제들은 논증 과정에서 자유롭게 바꾸어 사용할 수 있는 것이다.

이처럼 수학의 공식을 자유롭게 사용하듯이 다음의 몇 가지 유형을 익혀 두는 것이 필요하다.

이러한 논리적 동치 관계를 이용하여 서로 대치하는 경우를 **대치 규칙**이라고 하는데, 시험에서 유용하게 쓰이는 10가지를 소개하도록 한다.

2. 타당한 논증 형식 ② ― 대치 규칙

(1) 이중 부정	(2) 동어 반복(한마디법)	(3) 교환 법칙(치환)
~~p ≡ p	① p ≡ (p ∧ p) ② p ≡ (p ∨ p)	① (p ∧ q) ≡ (q ∧ p) ② (p ∨ q) ≡ (q ∨ p)
(4) 결합 법칙	(5) 분배 법칙	(6) 수출입 법칙(전건 규칙)
① (p ∧ q) ∧ r ≡ p ∧ (q ∧ r) ② (p ∨ q) ∨ r ≡ p ∨ (q ∨ r)	① p ∧ (q ∨ r) ≡ (p ∧ q) ∨ (p ∧ r) ② p ∨ (q ∧ r) ≡ (p ∨ q) ∧ (p ∨ r)	(p ∧ q) → r ≡ p → (q → r)
(7) 드모르간 법칙	(8) 대우 규칙	(9) 단순 함축(조건문의 정의)
① ~(p ∧ q) ≡ ~p ∨ ~q ② ~(p ∨ q) ≡ ~p ∧ ~q	p → q ≡ ~q → ~p	p → q ≡ ~(p ∧ ~q) p → q ≡ ~p ∨ q
(10) 쌍조건문(단순 동치)		
p ↔ q ≡ (p → q) ∧ (q → p)		

(1) 이중 부정[double negation]

~~p ≡ p	철수가 공무원이 아니라는 것은 거짓이다. ≡ 철수는 공무원이다.

이중 부정은 명제를 부정한 다음에 이를 다시 부정해서 얻어진 명제는 원래의 명제와 진릿값이 같다는 것이다. 즉 전제인 '~~p'는 p가 거짓인 것은 아님을 나타내므로, 이러한 전제로부터 p가 참이라는 것을 추론할 수 있다.

(2) 동어 반복[tautology]

① p ≡ (p ∧ p) ② p ≡ (p ∨ p)	철수는 공무원이다. ≡ 철수는 공무원이고 그리고 철수는 공무원이다. ≡ 철수는 공무원이거나 철수는 공무원이다.

같은 명제 형식을 연언과 선언에 의해서 되풀이해도 진릿값은 변하지 않는다는 것을 말한다.

(3) 교환 법칙[commutativity]

① (p ∧ q) ≡ (q ∧ p)	철수는 결혼을 하고, 아이를 낳았다. ≡ 철수는 아이를 낳고, 결혼을 하였다.
② (p ∨ q) ≡ (q ∨ p)	철수는 밥을 먹었거나 빵을 먹었다. ≡ 철수는 빵을 먹었거나 밥을 먹었다.

교환 법칙이란 연언지와 선언지의 위치를 바꾸어도 논리적 동치가 성립한다는 추론 형식이다. 단, 조건문은 전건과 후건의 위치를 바꾸면 논리적 동치가 성립하지 않는다.

(4) 결합 법칙[associativity]

① (p ∧ q) ∧ r ≡ p ∧ (q ∧ r)	(비가 오고 눈이 오고) 그리고 길이 미끄럽다. ≡ 비가 오고 그리고 (눈이 오고 길이 미끄럽다.)
② (p ∨ q) ∨ r ≡ p ∨ (q ∨ r)	(비가 오거나 눈이 오거나) 또는 길이 디끄럽다. ≡ 비가 오거나 또는 (눈이 오거나 길이 미끄럽다.)

연언 기호만으로 또는 선언 기호만으로 연결되어 있는 복합 명제는 어떤 방식으로 연합해도 그 진릿값은 같다는 규칙이다.

(5) 분배 법칙[distribution]

① p∧(q∨r) ≡ (p∧q)∨(p∧r)	비가 오고 그리고 눈이 오거나 길이 미끄럽다. ≡ 비가 오고 눈이 오거나, 비가 오고 길이 미끄럽다.
② p∨(q∧r) ≡ (p∨q)∧(p∨r)	비가 오거나 또는 눈이 오고 길이 미끄럽다. ≡ 비가 오거나 눈이 오고, 비가 오거나 길이 미끄럽다.

연언과 선언을 모두 포함하는 명제 형식을 재정렬하는 방식을 나타내는 규칙이다.

(6) 수출입 법칙[exportation]: 이출, 이입 원리

(p∧q)→r ≡ p→(q→r)	비가 오고 눈이 오면, 길이 미끄럽다. ≡ 만약 비가 오는 경우, 눈이 온다면 길이 미끄럽다.

조건문의 전건을 구성하고 있는 연언문 중 하나의 연언지를 후건으로 보내는 방식이다. 즉 p와 q라는 조건하에서 r이라는 주장을 하는 것은, p라는 조건하에서 'q이면 r이다.'라는 조건부 주장을 하는 것과 같다.

> 예) 철수와 영호가 수업에 오면, 영희도 온다. ≡ 철수가 수업에 오는 경우, 영호가 오면 영희도 온다.

(7) 드모르간 법칙[De Morgan's rule]

① ~(p∧q) ≡ ~p∨~q	철수가 월요일과 화요일에 모두 쉰다는 것은 거짓이다. ≡ 철수는 월요일에 쉬지 않거나 화요일에 쉬지 않는다.
② ~(p∨q) ≡ ~p∧~q	철수가 월요일 또는 화요일에 쉰다는 것은 거짓이다. ≡ 철수는 월요일에 쉬지 않고 화요일에도 쉬지 않는다.

연언 명제의 부정은 선언 명제로, 선언 명제의 부정은 연언 명제로 나타낼 수 있다.

① ~(p∧q) ≡ ~p∨~q: 둘 다 참인 것은 아니다, 적어도 하나는 거짓이다, 둘 다는 아니다(not both).

② ~(p∨q) ≡ ~p∧~q: 적어도 하나가 참인 것은 아니다, 둘 다 거짓이다, ~도 아니고 ~도 아니다(neither, nor).

(8) 대우 규칙[transposition]

p→q ≡ ~q→~p	비가 오면 땅이 젖는다. ≡ 땅이 젖지 않았다면 비가 오지 않았을 것이다.

교환 법칙은 연언과 선언에는 성립하지만 조건문에는 적용되지 않는다. 조건문에 대하여 교환식이 성립하기 위해서는 전건과 후건을 모두 부정해야 한다.

(9) 단순 함축[material implication](조건문의 정의)

| p → q ≡ ~(p ∧ ~q) | 비가 오면 땅이 젖는다.
≡ 비가 오면서 땅이 젖지 않았다는 것은 거짓이다. |

조건문 'p → q'의 의미는 p인 경우, 반드시 q가 도출된다는 것이다. 즉 <u>전건인 p가 참이면서 후건인 q가 거짓인 경우는 없다는 것이다.</u> 이것을 기호화한 것이 바로 '<u>~(p ∧ ~q): p이면서 q가 아닌 경우는 거짓이다.</u>'이고, 이를 단순 함축(실질 함축)이라고 한다.

즉 'p → q ≡ ~(p ∧ ~q)'이므로, 여기에 다시 드모르간 법칙을 적용하면 '~p ∨ q'가 된다.
따라서 '<u>p → q ≡ ~(p ∧ ~q) ≡ ~p ∨ q</u>'가 성립하는데, 이 대치 규칙은 <u>조건문을 선언문으로, 선언문을 조건문으로 바꿀 때 유용하게 쓰인다.</u>

(10) 쌍조건문[material equivalence](단순 동치)

| p ↔ q
≡ (p → q) ∧ (q → p)
≡ (~p ∨ q) ∧ (~q ∨ p) | 비가 오면, 오직 그러한 경우에만 땅이 젖는다.
≡ 비가 오면 땅이 젖고, 그리고 땅이 젖으면 비가 온다. |

쌍조건문의 명제를 조건문과 선언의 명제로 바꾸는 방식을 말한다.

보충 자료 선언 기호를 이용하여 경우의 수를 표현하기

A와 B 중에서 선발에 대한 정보를 기호화하는 방법은 다음과 같다.

1. A와 B 가운데 적어도 하나는 참이다(성립한다). ➡ A ∨ B
2. A와 B 가운데 적어도 한 사람은 뽑는다. ➡ A ∨ B 또는 ~(~A ∧ ~B)
3. A와 B 가운데 정확히 한 사람을 뽑는다. ➡ (A ∨ B) ∧ ~(A ∧ B) 또는 (A ∧ ~B) ∨ (~A ∧ B)

심화
- A, B, C 세 사람 가운데 적어도 두 사람을 뽑는다.
  ➡ (A ∧ B) ∨ (B ∧ C) ∨ (A ∧ C)
- A, B, C 세 사람 가운데 정확히 두 사람을 뽑는다.
  ➡ (A ∧ B) ∨ (B ∧ C) ∨ (A ∧ C) ∧ ~(A ∧ B ∧ C)

연습하기

01~10 다음 논증의 타당성을 추론 규칙과 기호화를 이용하여 판단하시오.

01 철수와 영희 둘 다 공무원이 아니라는 것은 사실이 아니다. 따라서 철수와 영희 가운데 적어도 한 사람은 공무원이다.
　　　　　　　　　　　　　　　　　　　　　　　　　　　　　　　타당 | 부당

02 민수의 증언이 사실이라면 철수의 증언도 사실이야. 민수가 한 증언이 사실이라면 영희가 한 증언도 사실이고, 철수가 한 증언이 사실이라면 영희가 한 증언도 사실이기 때문이지.
　　　　　　　　　　　　　　　　　　　　　　　　　　　　　　　타당 | 부당

03 야구 선수인 갑이 제구력이 약하거나 체력이 약하다면, 선발에서 제외된다. 야구 선수인 갑이 선발에서 제외되지 않았다. 따라서 야구 선수인 갑은 체력이 약하지 않음이 분명하다.
　　　　　　　　　　　　　　　　　　　　　　　　　　　　　　　타당 | 부당

04 충주에서는 올해 사과 축제가 열리거나 복숭아 축제가 열린다. 충주에서 올해 사과 축제가 열린다고 한다. 따라서 충주에서 올해 복숭아 축제는 열리지 않을 것이다.
　　　　　　　　　　　　　　　　　　　　　　　　　　　　　　　타당 | 부당

05 강 주무관은 영어 회화를 공부하거나 자격증을 딸 것이다. 만일 영어 회화를 공부하면 내년에 승진할 것이다. 만일 자격증을 따면 내년에 승진할 것이다. 따라서 강 주무관은 내년에 승진할 것이다.
　　　　　　　　　　　　　　　　　　　　　　　　　　　　　　　타당 | 부당

06 재희와 강우가 마포구에 살면, 민호는 동작구에 산다. 그런데 민호는 동작구에 살지 않는다. 따라서 강우는 마포구에 살지 않는다.
　　　　　　　　　　　　　　　　　　　　　　　　　　　　　　　타당 | 부당

07 경기가 침체되면 자영업자가 어려워진다. 가계 소비가 늘어나지 않으면 자영업자가 어려워지기 때문이다. 또한 경기가 침체되면 가계 소비가 늘어나지 않기 때문이다.
　　　　　　　　　　　　　　　　　　　　　　　　　　　　　　　타당 | 부당

08 장 사원이나 윤 사원이 기획 팀에 배치되면, 홍 사원은 기획 팀에 배치되지 않는다. 그런데 홍 사원이 기획 팀에 배치되었다. 따라서 윤 사원은 기획 팀에 배치되지 않을 것이다.
　　　　　　　　　　　　　　　　　　　　　　　　　　　　　　　타당 | 부당

심화
09 코페르니쿠스의 지동설이 옳다면 행성의 운동을 설명하기 위해서 주전원의 존재를 가정해야만 한다. 그런데 주전원의 존재를 가정하지 않았다. 그러므로 행성의 운동을 설명할 수 없다. 　　　　　　　　　　　　　　　타당 | 부당

심화
10 오직 고온에서 저온으로 열의 이동이 발생할 때에만 열에서 동력을 얻을 수 있다. 그런데 열에서 동력을 얻었다. 따라서 고온에서 저온으로 열의 이동이 발생한 것이다. 　　　　　　　　　　　　　　　타당 | 부당

11 다음은 추론의 타당성을 증명하는 과정이다. ①~②에 들어갈 알맞은 내용을 쓰시오.

> 철수: 선생님, 논리 수업을 통해 타당한 결론을 도출하는 추론 규칙들을 배웠는데요. 아직 저에게는 어려워서요. 좀 더 연습이 필요할 것 같아요.
>
> 선재 쌤: 처음 배우는 내용이니 당연히 어려울 수 있지. 먼저 지금까지 배운 규칙들을 자유자재로 쓸 수 있도록 연습을 해야 한단다.
>
> | (A → B) ∧ C | 전제 1 |
> | A | 전제 2 |
> | ∴ B | 결론 |
>
> 이 논증의 타당성을 지금까지 배운 함축 규칙들로 증명해 볼까? 먼저 함축 규칙들은 명제에 부분적으로 적용될 수 없고, 명제 전체에 적용된다는 사실을 유의하면서 다음의 과정을 생각해 보자.
>
> [논증의 증명 과정]
>
> | 1. (A → B) ∧ C | 전제 1
＊명제 (A → B)와 명제 C를 연언 기호로 연결한 복합 명제임. |
> | --- | --- |
> | 2. A | 전제 2 |
> | 3. (A → B) | ① |
> | 4. B | ② |
> | | 따라서 타당한 결론임. |
>
> 연역 논증은 항상 전제가 참이라는 전제에서 결론을 도출한단다. 이대 연언지 단순화와 전건 긍정식을 통해서 전제를 확정하면, 이에 따라 참인 결론이 도출될 수 있는 것이지. 이러한 논증 과정을 몇 번 연습하면, 철수도 논증의 타당성을 쉽게 판단할 수 있을 거야.
>
> 철수: 그렇군요. 저도 익숙해질 때까지 다양한 추론 규칙들을 이용해서 연습을 많이 해 봐야겠어요.

12 ①~③에 들어갈 알맞은 내용을 쓰시오.

> **철수**: 선생님, 이번에는 제가 직접 논증의 타당성을 증명해 보려고 해요. 앞에서 배운 추론 규칙 중, 후건 부정을 통해 전건이 부정되는 결론을 증명해 보겠습니다.
>
> $$p \rightarrow q$$
> $$\sim q$$
> $$\therefore \sim p$$
>
> 이 논증은 다음의 과정을 통해 타당성을 증명할 수 있어요.
>
> | | |
> |---|---|
> | 1. $p \rightarrow q$ | 전제 |
> | 2. $\sim q$ | 전제 |
> | 3. p | 가정 |
> | 4. q | ① |
> | 5. $q \wedge \sim q$ | ② |
> | 6. $\sim p$ | ③ |
>
> **선재 쌤**: 그래, 이제 기본적인 추론 규칙들을 잘 사용할 수 있게 되었구나. 앞으로 더 많은 문제를 풀면서 좀 더 어려운 문제에도 도전해 보도록 하자.

보충 자료 1 부정 도입 규칙(귀류법)

만약 A를 참이라고 가정하고 추론을 진행했을 때, 모순적인 결론이 도출되면 어떤 판단을 할 수 있을까.

그렇다면 전제에서 가정한 A가 참이 아니라는 판단을 내릴 수 있을 것이다. 즉 A를 참이라고 가정했을 때, B가 참이면서 ~B도 참이라는 결론을 얻었다면, 전제인 A가 거짓이라고 판단할 수 있는 것이다.

귀류법이란 어떤 결론을 확립하기 위해서 그것의 부정을 가정한 후, 이로부터 모순을 이끌어 냄으로써 간접적으로 그 결론을 확립하는 추론 방법이다.

즉 부정 문장 '~X'를 증명하기 위해서 'X'를 가정한 뒤, 여기서 모순을 이끌어 낸 후 '~X'를 타당한 결론으로 판단하는 것이다.

보충 자료 2 　형식 논리학의 기본 법칙 — 동일률·모순율·배중률

01 다음 글에서 추론한 내용으로 적절하지 않은 것은?

　　아리스토텔레스는 논리 추론에서 세 가지 추론 또는 사유의 원칙인 동일률(同一律), 모순율(矛盾律), 배중률(排中律)을 지켜야 한다고 말했다.
　　첫째, 긍정 판단인 **동일률**은 'A는 A이다.' 또는 'A = A, A ≡ A, A ⊂ A(부분 동일)' 등으로 표시되며 '모든 대상은 그 자체와 같다.'라는 형식 논리학의 근본 원리이다. 또한 동일률은 내용과 표현이 같은 것, 즉 의미와 지시 대상이 같은 것을 의미한다. 가령 '플라톤은 플라톤이다(A = A).'는 분명한 진술이다. 그런데 '플라톤은 철학자이다(A ⊂ A).'는 외연과 층위를 따진 다음에 부분 동일률이라는 것을 알 수 있다. 반면 '플라톤은 소크라테스이다.'는 동일률을 어긴 것이다.
　　둘째, 부정 판단인 **모순율**은 '~(p ∧ ~p)'로 표시되는데, '어떤 명제와 그 명제의 부정이 동시에 참이거나 동시에 거짓일 수 없다.'라는 추론의 원리이다. 가령 '죽은 것이면서 동시에 사는 것은 불가능하다.'와 같은 부정 판단에서 '죽는다'와 '산다'는 동시에 참이 될 수 없다. 또한 '삼각형은 네 변으로 구성되어 있다.'라는 것은 모순이다. 삼각형이라는 주어에 이미 세 변이라는 것이 함의되어 있으며 주어와 술어가 상치되기 때문이다. 둘 다 거짓일 수 있는 반대와 달리 모순은 하나가 참이면 다른 하나는 거짓이며, 하나가 거짓이면 다른 하나는 참이다. 모순율을 논리 기호로 표시한 '~(p ∧ ~p)'는 모든 명제 p에 대해서, p와 비(非) p가 동시에 참일 수 없다는 것이다. 따라서 동일률의 부정인 'p는 p가 아니다.'는 언제나 거짓인 모순율이다.
　　셋째, 선언 판단인 **배중률**은 '명제의 참과 거짓만 있고 중간은 없다.'라는 추론의 원리이다. 'p or ~p'나 'p ∨ ~p'로 표시되는 배중률에서 상호 모순되는 명제 중 하나는 반드시 참이다. 그 외에 제3의 논릿값이 없다. 바꾸어 말하면, 모순되는 명제의 중간을 없애야 한다는 논리 추론의 방법이다. 가령 '나는 배가 그프다.'라는 명제와 이를 부정한 '나는 배가 고프지 않다.'는 배중률이므로 중간은 없다. 그런데 배중률은 두 명제 중 하나가 참이라고 주장할 뿐, p가 '어떤 내용의 진리인가.'에 대해서 주장하지 않는다.

　　　　　　　　　　　　　　　　- 김승환, 〈동일률 모순율 배중률〉, 《인문학 개념어 사전》

① '거울은 거울이다.'가 참일 경우, 이의 부정은 언제나 거짓인 모순율의 예이다.
② '정삼각형은 삼각형이다.'는 부분 동일률의 예이다.
③ '크지도 않고 작지도 않은 것은 없다.'는 '~(p ∧ ~p)'로 표시되는 모순율이다.
④ '내일 비가 오거나 오지 않을 것이다.'는 '내일 비가 오는 것'과 '내일 비가 오지 않는 것' 중 하나는 반드시 참이다.

POINT 06 충분조건과 필요조건

> **개념 POINT!**
> 1. 조건문에서, 전건 p가 존재한다면 후건 q가 반드시 존재할 경우, 전건 p는 후건 q의 충분조건이라고 한다.
> 2. 후건 q가 존재하지 않을 때 전건 p도 존재하지 않는다면, 후건 q는 전건 p의 필요조건이라고 한다.
> 3. 충분조건과 필요조건은 독해에서도 많이 응용되므로, 지문에서 잘 찾을 수 있도록 연습한다.

조건문에서 상황의 유무 측면으로 조건의 성격을 본다면, 조건은 충분조건, 필요조건, 필요충분조건으로 나눌 수 있다.

1. 충분조건

전건 p가 존재한다면 후건 q가 필연적으로 존재할 때, p는 q의 충분조건이라고 한다.
그런데 전건 p가 존재하지 않는다면, 후건 q는 존재할 수도 있고 존재하지 않을 수도 있다.

| 비가 오면　땅이 젖는다.
　p　→　q | · p가 존재하면 반드시 q가 존재한다.
· p는 q이기 위한 충분조건이다.
· p라는 전제하에 q도 성립한다. |

2. 필요조건

후건 q가 존재하지 않는다면 필연적으로 전건 p도 존재하지 않을 때, q는 p의 필요조건이라고 한다.
즉 전건 p이기 위해서는 q가 반드시 필요하다는 것을 의미한다.

| 땅이 젖지 않으면　비가 오지 않았다.
　~q　→　~p | · q가 존재하지 않으면 p도 존재하지 않는다.
· q는 p이기 위한 {필요조건/필수적 요건}이다.
· p이기 위해서는 q이어야만 한다.
· q이어야만 p이다.
· 오직 q인 경우에만 p가 성립한다. |

3. 필요충분조건

만일 p가 존재하면 q도 존재하고, 만일 p가 존재하지 않으면 q도 존재하지 않을 때, 전건 p를 후건 q의 필요충분조건이라고 한다.
그러므로 필요충분조건은 'p이면 q'와 'q이면 p'를 동시에 주장하는 것, 즉 '$(p \rightarrow q) \wedge (q \rightarrow p)$'로 기호화할 수 있으며, 이를 간단히 '$p \leftrightarrow q$'로 나타낸다.

　　예) 수요는 공급의 필요충분조건이다. 수요가 있으니 공급이 있게 되고, 수요가 없으면 공급도 없게 되기 때문이다.

다음의 두 문장은 구별해서 기호화해야 한다.

- ㄱ 고온에서 저온으로 열의 이동이 발생할 경우, 열에서 동력을 얻을 수 있다.
  p → q   p는 q의 충분조건이다.
- ㄴ 고온에서 저온으로 열의 이동이 발생할 경우에만 열에서 동력을 얻을 수 있다.
  p ← q   p는 q의 필요조건이다.

ㄱ은 'p → q'로 기호화하면 되지만, ㄴ은 이렇게 기호화하면 안 된다. 왜냐하면 ㄴ은 '고온에서 저온으로 열의 이동이 발생하지 않는다면, 열에서 동력을 얻을 수 없다.'라는 의미이기 때문이다. 따라서 이 문장은 '~p → ~q'로 기호화해야 하며, 이는 대우 규칙에 따라 'q → p'로 나타낼 수 있다.

연습하기 1

정답과 해설 7쪽

01 다음 글을 읽고 ㉠과 ㉡에 들어갈 내용을 적으시오.

> 충분조건과 필요조건은 수학이나 논리학에 나오는 개념이지만 일상생활에서도 자주 쓰인다. 단일화를 한다고 해서 곧바로 승리하는 것은 아니지만 승리하기 위해서는 단일화를 해야만 한다는 말은 단일화를 하는 것은 승리하기 위한 ㉠_____이지만, ㉡_____은 아니라는 뜻이다.

02~07 다음 명제를 참이라고 전제할 때, 도출되는 명제의 참과 거짓 여부를 판단하시오.

02 뇌의 특정 부위에 활동이 증가하면 산소를 수송하는 헤모글로빈의 비율이 그 부위에 증가한다.

① 뇌의 특정 부위에 활동이 증가했다는 사실만으로도 그 부위에 산소를 수송하는 헤모글로빈의 비율이 증가한다는 것을 알 수 있다. [참 | 거짓]

② 헤모글로빈의 비율이 증가하지 않았다면 뇌의 특정 부위의 활동 역시 증가하지 않았을 것이다. [참 | 거짓]

③ 오직 뇌의 특정 부위에 활동이 증가해야만 그 부위에 산소를 수송하는 헤모글로빈의 비율이 증가할 것이다. [참 | 거짓]

03 A국의 시민이 특정 도시에서 생활하며 일하기 위해서는 정부의 허가를 받아야만 한다.

① A국의 시민이 정부의 허가를 받았다는 것은 특정 도시에서 생활하며 일하고 있다는 것이다. 　　참 | 거짓

② 특정 도시에서 생활하며 일하고 있는 A국의 시민은 정부의 허가를 받았을 것이다. 　　참 | 거짓

③ A국에서 정부의 허가를 받는 것은 특정 도시에서 생활하며 일하기 위한 필수적 요건이다. 　　참 | 거짓

04 만약 지도자가 국민의 의견을 좇아 자신의 판단을 단념한다면 그것은 국민을 배신하는 것이다.

① 지도자가 국민의 의견을 좇아 자신의 판단을 단념하는 것은 국민을 배신하는 행위의 충분조건이다. 　　참 | 거짓

② 어떤 지도자가 국민을 배신하지 않았다면 그는 국민의 의견을 좇아 자신의 판단을 단념하지 않았을 것이다. 　　참 | 거짓

③ 지도자가 국민의 의견을 좇아 자신의 판단을 단념하는 것만 국민을 배신하는 행위이다. 　　참 | 거짓

05 요즘 청소년들의 건강을 위해서는 올바른 식습관이 필수적이다.

① 청소년들이 올바른 식습관을 가지면 건강을 지킬 수 있다. 　　참 | 거짓

② 건강한 청소년이라면 올바른 식습관을 가지고 있을 것이다. 　　참 | 거짓

③ 올바른 식습관을 가지고 있지 않은 청소년은 건강을 지키기 어려울 것이다. 　　참 | 거짓

06 | 데이터 센터에 로봇을 도입한다면 노동자의 업무 효율이 올라갈 것이다. |

① 노동자의 업무 효율이 올라가는 것은 데이터 센터의 로봇 도입을 입증하기 위한 필수적 조건이다. 　[참 | 거짓]

② 데이터 센터에 로봇이 도입되었다는 사실만으로도 노동자의 업무 효율이 올라갔음을 알 수 있다. 　[참 | 거짓]

07 | 경제 원리라는 과학적 요소만 고려해서는 현실의 경제 정책은 성공할 수 없다. |

① 현실의 경제 정책이 성공하려면 경제 원리라는 과학적 요소를 포함한 다른 것도 고려해야 한다. 　[참 | 거짓]

② 경제 원리라는 과학적 요소의 고려는 현실의 경제 정책이 성공하기 위한 충분조건이 아니다. 　[참 | 거짓]

연습하기 2

01~03 다음 논증들을 기호화하고, 이의 타당성을 판별하시오.

01 민우는 경찰서에서 일하거나 소방서에서 일할 것이다. 민우가 경찰서에서 일한다면, 그는 긴급 출동하는 일이 잦을 것이다. 그리고 그가 소방서에서 일한다 하더라도, 그는 긴급 출동하는 일이 잦을 것이다. 그러므로 민우는 긴급 출동하는 일이 잦을 것이다.

타당 | 부당

민우는 경찰서에서 일하거나 소방서에서 일할 것이다.

민우가 경찰서에서 일한다면, 그는 긴급 출동하는 일이 잦을 것이다.

그리고 그가 소방서에서 일한다 하더라도, 그는 긴급 출동하는 일이 잦을 것이다.

그러므로 민우는 긴급 출동하는 일이 잦을 것이다.

02 세금이 감소하면, 국민의 구매력이 늘 것이다. 국민의 구매력이 늘지 못하면, 기업은 성장할 수 없다. 세금이 감소하거나 또는 기업이 성장하는 상황이다. 따라서 국민의 구매력은 늘 것이다.

타당 | 부당

세금이 감소하면, 국민의 구매력이 늘 것이다.

국민의 구매력이 늘지 못하면, 기업은 성장할 수 없다.

세금이 감소하거나 또는 기업이 성장하는 상황이다.

따라서 국민의 구매력은 늘 것이다.

03 박 팀장이 자신의 소관이 아닌 업무를 맡았다면, 그는 질책을 받아 마땅하다. 박 팀장은 유능한 사원이었거나 또는 자신의 소관이 아닌 업무를 맡았다. 박 팀장은 유능한 사원이었다. 따라서 그가 질책받아 마땅하다는 것은 옳지 않다.

　　　　　　　　　　　　　　　　　　　　　　　　　　　　　　　　　　　　　　　[타당 | 부당]

> 박 팀장이 자신의 소관이 아닌 업무를 맡았다면, 그는 질책을 받아 마땅하다.
>
> 박 팀장은 유능한 사원이었거나 또는 자신의 소관이 아닌 업무를 맡았다.
>
> 박 팀장은 유능한 사원이었다.
>
> 따라서 그가 질책받아 마땅하다는 것은 옳지 않다.

04~08 다음 논증들을 기호화하고, 이의 타당성을 판별하시오.

04 미로의 입구는 남쪽 방향에 있고, 지하 통로로 연결된다. 입구가 지하 통로로 연결된다면, 입구 주변에는 함정이 설치되어 있을 것이다. 입구 주변에 함정이 설치되어 있고 출구는 서쪽 방향에 있다면, 입구는 남쪽 방향에 있지 않다. 그러므로 출구는 서쪽 방향에 있는 게 틀림없다.

　　　　　　　　　　　　　　　　　　　　　　　　　　　　　　　　　　　　　　　[타당 | 부당]

> 미로의 입구는 남쪽 방향에 있고, 지하 통로로 연결된다.
>
> 입구가 지하 통로로 연결된다면, 입구 주변에는 함정이 설치되어 있을 것이다.
>
> 입구 주변에 함정이 설치되어 있고 출구는 서쪽 방향에 있다면, 입구는 남쪽 방향에 있지 않다.
>
> 그러므로 출구는 서쪽 방향에 있는 게 틀림없다.

05 나는 드레스를 구입하거나, 또는 정장을 구입하고 파티에 갈 것이다. 나는 돈이 넉넉한 경우에만 드레스를 구입할 수 있다. 그런데 돈이 넉넉하다면, 파티에 갈 것이다. 그러므로 나는 파티에 갈 것이다.　　　　　　　　　　　　타당 | 부당

> 나는 드레스를 구입하거나, 또는 정장을 구입하고 파티에 갈 것이다.
>
> 나는 돈이 넉넉한 경우에만 드레스를 구입할 수 있다.
>
> 그런데 돈이 넉넉하다면, 파티에 갈 것이다.
>
> 그러므로 나는 파티에 갈 것이다.

06 윤지가 혼자 있는 것을 좋아한다면, 그녀는 독서를 좋아한다. 윤지가 혼자 있는 것과 독서를 동시에 좋아하는 것은 아니다. 그리고 윤지의 꿈이 작가가 아니라면, 그녀는 혼자 있는 것을 좋아하지 않거나 상상력이 풍부하지 않다. 따라서 윤지의 꿈은 작가가 아니다.　　　　　　　　　　　　타당 | 부당

> 윤지가 혼자 있는 것을 좋아한다면, 그녀는 독서를 좋아한다.
>
> 윤지가 혼자 있는 것과 독서를 동시에 좋아하는 것은 아니다.
>
> 그리고 윤지의 꿈이 작가가 아니라면, 그녀는 혼자 있는 것을 좋아하지 않거나 상상력이 풍부하지 않다.
>
> 따라서 윤지의 꿈은 작가가 아니다.

07 도둑이 문으로 들어오지 않았다면, 범인은 내부자이다. 범인이 내부자라면, 도둑맞은 물건은 아직 이 안에 있다. 그러나 도둑이 문으로 들어왔다면, 그는 열쇠를 가지고 있었다. 그가 열쇠를 가지고 있었다면, 범인은 내부자이다. 따라서 도둑맞은 물건은 아직 이 안에 있다.   `타당 | 부당`

> 도둑이 문으로 들어오지 않았다면, 범인은 내부자이다.
>
> 범인이 내부자라면, 도둑맞은 물건은 아직 이 안에 있다.
>
> 그러나 도둑이 문으로 들어왔다면, 그는 열쇠를 가지고 있었다.
>
> 그가 열쇠를 가지고 있었다면, 범인은 내부자이다.
>
> 따라서 도둑맞은 물건은 아직 이 안에 있다.

08 김 주무관이 참여하면, 정책의 신뢰도가 올라간다. 윤 주무관이 참여하면, 정책의 예산이 늘어난다. 김 주무관 또는 윤 주무관이 참여한다. 정책의 신뢰도가 올라가면, 윤 주무관이 참여한다. 정책의 예산이 늘어나면, 홍 주무관이 참여한다. 그러므로 윤 주무관 또는 홍 주무관이 참여한다.   `타당 | 부당`

> 김 주무관이 참여하면, 정책의 신뢰도가 올라간다.
>
> 윤 주무관이 참여하면, 정책의 예산이 늘어난다.
>
> 김 주무관 또는 윤 주무관이 참여한다.
>
> 정책의 신뢰도가 올라가면, 윤 주무관이 참여한다.
>
> 정책의 예산이 늘어나면, 홍 주무관이 참여한다.
>
> 그러므로 윤 주무관 또는 홍 주무관이 참여한다.

연습 문제 **명제 논리**

연역 논증과 귀납 논증

선재 쌤's Talk

01 전제의 참이 결론의 참을 절대적으로 보장하는 논증을 〈보기〉에서 모두 고른 것은?

> 보기
>
> ㉠ 우리 부서 사람들은 모두 지난 주말에 워크숍에 참석했다. 김 과장은 우리 부서 사람이다. 따라서 김 과장은 지난 주말에 워크숍에 참석했을 것이다.
>
> ㉡ 갑은 초콜릿을 먹고 기분이 좋아졌다. 을도 초콜릿을 먹고 기분이 좋아졌다. 그러니 모든 사람들은 초콜릿을 먹으면 기분이 좋아질 것이다.
>
> ㉢ 백화점은 대부분 명절 당일에 휴무이다. A는 백화점이다. 따라서 A는 명절 당일에 휴무일 것이다.
>
> ㉣ 태풍이 불면 여객선이 운행하지 않는다. 여객선이 운행했다. 그러므로 태풍이 불지 않았을 것이다.

① ㉠, ㉡
② ㉠, ㉣
③ ㉡, ㉢
④ ㉡, ㉢, ㉣

02 전제가 참일 경우, 결론을 이끌어 내는 방식이 〈보기〉와 같은 논증은?

> ┤ 보기 ├
>
> 유기견 봉사 동아리에 소속된 학생은 모두 13명이다. 따라서 유기견 봉사 동아리 학생 중 같은 달에 생일이 있는 사람이 최소 2명은 될 것이다.

① A 고교, B 고교, C 고교의 전교 1등은 모두 수학을 좋아한다. 그러므로 D 고교의 전교 1등도 수학을 좋아할 것이다.
② 매달 음력 보름이 되면 보름달이 뜬다. 내일은 음력 보름이므로, 보름달이 뜰 것이다.
③ ○○ 대학에는 인공 지능과 관련된 학과가 있다. □□ 대학은 ○○ 대학과 같은 구에 위치해 있으므로, □□ 대학에도 인공 지능과 관련된 학과가 있을 것이다.
④ 여권이 없으면 해외에 갈 수 없다. 박 사무관이 어제 미국으로 출장을 갔다고 하니, 박 사무관은 여권이 있을 것이다.

진릿값 판별

03 다음 중 틀린 판단을 모두 고른 것은?

> ㉠ '훈민이 논리 수업을 듣는다.'가 참이고 '정음이 영어 수업을 듣는다.'가 거짓이면, '훈민은 논리 수업을 듣고 정음은 영어 수업을 듣는다.'는 참이다.
>
> ㉡ '훈민이 논리 수업을 듣는다.'가 거짓이고 '정음이 영어 수업을 듣는다.'도 거짓이면, '훈민이 논리 수업을 들으면 정음은 영어 수업을 듣는다.'는 참이다.
>
> ㉢ '훈민이 논리 수업을 듣는다.'가 거짓이고 '정음이 영어 수업을 듣는다.'가 참이면, '훈민이 논리 수업을 들으면 정음은 영어 수업을 듣는다.'는 거짓이다.

① ㉠
② ㉠, ㉡
③ ㉠, ㉢
④ ㉡, ㉢

선재 쌤's Talk

04 다음 진술이 참일 때, 반드시 참인 것은?

> '갑이 연주회에 가고, 을도 연주회에 간다.'는 참이다.

① '갑이 연주회에 가고 을은 연주회에 가지 않는다.'는 참이다.
② '갑이 연주회에 가지 않거나 을이 연주회에 간다.'는 참이다.
③ '갑이 연주회에 가면 을은 연주회에 가지 않는다.'는 참이다.
④ '갑이 연주회에 가지 않거나 을이 연주회에 가지 않는다.'는 참이다.

추론 규칙

05 전제가 참일 때 결론이 반드시 참인 추론만을 모두 고른 것은?

> ㉠ 훈민이 상반기에 시험을 보면, 정음이 하반기에 시험을 본다. 그런데 정음이 하반기에 시험을 보지 않았다. 따라서 훈민은 상반기에 시험을 보지 않았다.
>
> ㉡ 훈민이 상반기에 시험을 보거나, 정음과 용비가 하반기에 시험을 본다. 그런데 훈민이 상반기에 시험을 보지 않았다. 그러므로 정음과 용비는 하반기에 시험을 보았다.
>
> ㉢ 훈민이 상반기에 시험을 보지 않으면, 정음은 상반기에 시험을 본다. 그런데 훈민이 상반기에 시험을 보았다. 따라서 정음은 상반기에 시험을 보지 않았다.

① ㉠
② ㉠, ㉡
③ ㉠, ㉢
④ ㉡, ㉢

06 다음 명제와 논리적으로 동등한 관계가 아닌 것은?

> 비가 오면 무릎이 아프다.

① 무릎이 아프지 않다면, 비가 오지 않는 것이다.
② 비가 오지 않거나 무릎이 아프다.
③ 비가 오지 않으면 무릎이 아프지 않다.
④ 비가 오는데 무릎이 아프지 않다는 것은 거짓이다.

선재 쌤's Talk

07 다음 중 논리적으로 동등한 관계가 아닌 것은?

① 팀장이 회의에 참석하고 부장은 참석하지 않았다는 것은 거짓이다.
  - 팀장이 회의에 참석하지 않고 부장은 참석한다.
② 그는 대학원생이다.
  - 그가 대학원생이 아니라는 것은 거짓이다.
③ 훈민이 인사하면 정음도 인사한다.
  - 훈민이 인사하지 않거나 정음이 인사한다.
④ 비가 오고 번개가 치면 태풍이 온다.
  - 태풍이 불지 않으면, 비가 오지 않거나 번개가 치지 않는다.

08 다음 명제와 논리적으로 동등한 관계가 아닌 것은?

> 만약 그가 만점을 받았다면 그는 매일 학습 내용을 복습하고 철저히 검토하는 습관을 길렀을 것이다.

① 그는 만점을 받지 않았거나, 매일 복습하고 철저히 검토하는 습관을 길렀을 것이다.
② 그가 매일 복습하고 철저히 검토하는 습관을 길렀던 경우에만 그는 만점을 받았을 것이다.
③ 그가 만점을 받지 않았다면, 그는 매일 복습하지 않았거나 철저히 검토하는 습관을 기르지 않았을 것이다.
④ 그가 매일 복습하지 않았거나 검토하는 습관을 기르지 못했다면, 그는 만점을 받지 못했을 것이다.

09 다음 중 타당하지 않은 추론은?

① 갑이 테니스를 치면 을도 테니스를 친다. 왜냐하면 갑이 테니스를 치면 병도 테니스를 치기 때문이다. 또한 을이 테니스를 치지 않으면 병도 테니스를 치지 않기 때문이다.

② 참외가 잘 팔리지 않으면 수박도 잘 팔리지 않을 것이다. 그러나 수박이 잘 팔렸으므로 참외가 잘 팔렸음이 분명하다.

③ 요리사가 손맛이 없거나 미각이 예민하지 않다면 맛있는 요리를 만들 수 없다. 그러나 요리사가 맛있는 요리를 만들었다. 그러므로 요리사는 미각이 예민할 것이다.

④ 만약 정이 공무원이라면 정은 관청에서 근무할 것이다. 정이 관청에서 근무한다. 따라서 정은 공무원일 것이다.

선재 쌤's Talk

10 다음 중 타당하지 않은 논증을 펼치는 사람은?

① 도영: 우리는 숲으로 돌아가거나 바다 쪽으로 나아가야 해. 우리가 바다 쪽으로 나아간다면, 식인종을 만날 위험이 있어. 우린 식인종을 만날 위험을 피해야 해. 그러니 숲으로 돌아가자.

② 진리: 네가 내 말에 상처받았다면, 나는 꼭 사과하겠어. 그런데 너는 내 말에 상처받지 않았잖아. 그러니까 나는 사과하지 않을 거야.

③ 정후: 비를 막으려면 방수 기능이 있어야 하고, 추위를 막으려면 온열 기능이 있어야 해. 그런데 이 옷에는 방수 기능이 없거나 온열 기능이 없거든. 그러니 이 옷은 비를 막지 못하거나 추위를 막지 못할 거야.

④ 미래: 당신이 우리나라의 국민이라면, 당신은 국방의 의무를 진다. 그러나 당신이 국방의 의무를 지지 않는 것을 보니 당신은 우리나라의 국민이 아닌 모양이다.

선재 쌤's Talk

11 [진이의 논증]에 대해서 가장 올바르게 평가한 사람은?

> [진이의 논증]
> 아침에 일찍 일어나는 학생은 모두 공부를 잘해. 수업 시간에 졸지 않는 학생도 모두 공부를 잘하지. 그러니까 아침에 일찍 일어나는 모든 학생은 수업 시간에 졸지 않아.

① 미래: [진이의 논증]에 사용된 전제가 참일 때 그 결론도 참이므로, [진이의 논증]은 받아들일 만해.
② 영훈: 공부를 잘하는데도 수업 시간에 자주 조는 친구가 있어. 즉 [진이의 논증]에 사용된 전제는 거짓이므로, [진이의 논증]은 받아들일 수 없어.
③ 현재: 짝수는 정수이고, 홀수도 정수이므로 짝수는 홀수라는 논증을 받아들일 수는 없을 거야. 따라서 [진이의 논증]도 받아들일 수 없어.
④ 지은: 아침에 일찍 일어나는 학생은 수업 시간에 졸지 않고, 그러니 공부를 잘할 확률이 커. 따라서 [진이의 논증]은 받아들일 만해.

명제 논리 — 타당한 결론의 도출

12 가~다를 전제로 할 때 빈칸에 들어갈 결론으로 가장 적절한 것은? 2025 국가직 9급

> 가 인공 일반 지능이 만들어지거나 인공 지능 산업이 쇠퇴한다.
> 나 인공 일반 지능이 만들어지면, 인간의 생활이 편리해지는 동시에 많은 사람이 직장을 잃는다.
> 다 인공 지능 산업이 쇠퇴하면, 많은 사람이 직장을 잃는 동시에 세계 경제가 침체된다.
> 따라서 ☐.

① 세계 경제가 침체된다
② 인간의 생활이 편리해진다
③ 많은 사람이 직장을 잃는다
④ 인간의 생활이 편리해지고 세계 경제가 침체된다

13 다음 진술이 모두 참일 때 반드시 참인 것은?　　2025 국가직 9급

> - 갑이 제주도 출장을 가면, 을은 제주도 출장을 가지 않는다.
> - 을이 제주도 출장을 가지 않으면, 병은 휴가를 내지 않는다.
> - 병이 휴가를 낸다.

① 갑이 제주도 출장을 가지 않는다.
② 을이 제주도 출장을 가지 않는다.
③ 갑이 제주도 출장을 가고 병은 휴가를 낸다.
④ 을이 제주도 출장을 가고 병은 휴가를 내지 않는다.

14 다음 진술이 모두 참일 때 반드시 참인 것은?　　2025 지방직 9급

> - 영희가 친구 혹은 선생님을 만났다면, 영희는 커피를 마셨다.
> - 영희는 친구 혹은 선배를 만났다.
> - 영희는 커피를 마신 적이 없다.

① 영희는 선배를 만났다.
② 영희는 친구를 만났다.
③ 영희는 선생님을 만났다.
④ 영희는 선배와 선생님을 모두 만났다.

15 빈칸에 들어갈 말로 가장 적절한 것은? 인혁처 2차 예시 문제

> 갑, 을, 병, 정 네 학생의 수강 신청과 관련하여 다음과 같은 사실들이 알려졌다.
>
> - 갑과 을 중 적어도 한 명은 〈글쓰기〉를 신청한다.
> - 을이 〈글쓰기〉를 신청하면 병은 〈말하기〉와 〈듣기〉를 신청한다.
> - 병이 〈말하기〉와 〈듣기〉를 신청하면 정은 〈읽기〉를 신청한다.
> - 정은 〈읽기〉를 신청하지 않는다.
>
> 이를 통해 갑이 □□□□를 신청한다는 것을 알 수 있게 되었다.

① 〈말하기〉 ② 〈듣기〉
③ 〈읽기〉   ④ 〈글쓰기〉

16 다음 진술이 모두 참일 때 반드시 참인 것은? 인혁처 1차 예시 문제

> • 오 주무관이 회의에 참석하면, 박 주무관도 참석한다.
> • 박 주무관이 회의에 참석하면, 홍 주무관도 참석한다.
> • 홍 주무관이 회의에 참석하지 않으면, 공 주무관도 참석하지 않는다.

① 공 주무관이 회의에 참석하면, 박 주무관도 참석한다.
② 오 주무관이 회의에 참석하면, 홍 주무관은 참석하지 않는다.
③ 박 주무관이 회의에 참석하지 않으면, 공 주무관은 참석한다.
④ 홍 주무관이 회의에 참석하지 않으면, 오 주무관도 참석하지 않는다.

17 다음 중 주어진 조건에 맞는 선택은?

> ㉠ 소설을 읽으면 에세이를 읽는다.
> ㉡ 사회 과학서를 읽으면 에세이를 읽지 않는다.
> ㉢ 소설, 신문 칼럼 중 최소한 한 가지는 읽는다.
> ㉣ 사회 과학서는 필독한다.

① 소설을 읽는다.
② 신문 칼럼을 읽는다.
③ 소설과 신문 칼럼을 읽는다.
④ 신문 칼럼과 에세이를 읽는다.

18 철수와 영희는 다음 대화에 따라 바다에 놀러 갈 계절을 정할 것이다. 철수와 영희가 바다에 갈 계절을 모두 고른 것은?

> 영희: 봄에는 바다에 놀러 가지 않을 거야. 그리고 만약 가을에 바다에 간다면 여름에는 가지 말자.
> 철수: 그래? 난 봄이나 가을에 바다에 놀러 가고 싶어. 그리고 여름에 가지 못한다면 겨울엔 꼭 가자.

① 가을
② 여름, 겨울
③ 가을, 겨울
④ 여름, 가을, 겨울

19 선재가 경제학, 법학, 철학 중에 수강을 하려고 한다. 다음 조건을 따를 때, 선재가 반드시 수강해야 할 과목은?

> ㉠ 법학을 수강하면 철학을 수강하지 않는다.
> ㉡ 법학을 수강하지 않으면 철학을 수강하지 않는다.
> ㉢ 경제학을 수강하지 않으면 철학을 수강한다.

① 경제학
② 법학
③ 철학
④ 경제학, 철학

20 상철, 지연, 민서, 현우는 올해의 승진 후보이다. 다음 조건에 따라 승진이 결정된다고 할 때, 승진하게 되는 사람은 총 몇 명인가?

> ㉠ 상철이나 현우 중 적어도 한 명은 승진한다.
> ㉡ 상철이 승진하지 않으면 민서가 승진한다.
> ㉢ 상철이 승진하면 지연이 승진하지 않는다.
> ㉣ 지연이 승진한다.

① 1명　　　　　② 2명
③ 3명　　　　　④ 4명

선재 쌤's Talk

21 다음 조건에 따를 때, 진행되는 교육을 모두 고르면?

> ㉠ 리더십 교육이 진행되거나 직무 교육이 진행되지 않는다.
> ㉡ 공직 가치 교육이 진행되지 않으면 외국어 교육이 진행된다.
> ㉢ 리더십 교육이 진행되면 공직 가치 교육은 진행되지 않는다.
> ㉣ 외국어 교육은 진행되지 않는 것으로 결정됐다.

① 리더십 교육
② 공직 가치 교육
③ 직무 교육, 공직 가치 교육
④ 직무 교육, 리더십 교육

> 선재 쌤's Talk

22 사과, 배, 포도, 감은 해외에 수출할 품목 후보이다. 다음 조건에 따라 수출 여부가 결정될 때, 이들 중 몇 개 품목을 실제로 수출하는가?

> ㉠ 포도는 수출한다.
> ㉡ 사과를 수출하지 않으면 감은 수출한다.
> ㉢ 사과와 포도 중 적어도 하나는 수출하지 않는다.
> ㉣ 배를 수출하면, 사과와 감도 수출한다.

① 1개
② 2개
③ 3개
④ 4개

23 다음은 A 부서의 배정에 관해 알려진 사실이다. 이 사실이 참일 때 A 부서에 배정될 사람을 모두 고르면?

- 을은 배정되지 않는다.
- 병이 배정되거나 을이 배정된다.
- 정이 배정되지 않거나 갑이 배정된다.
- 갑이 배정되면, 을도 배정된다.

① 병
② 정
③ 갑, 병
④ 병, 정

선재 쌤's Talk

24 ○○ 냉면집은 분점을 낼 계획을 세우고 있다. ㉠~㉣에 따를 때 분점이 생길 곳을 모두 고르면?

> ㉠ 전주에 분점을 내지 않으면, 청주에 낸다.
> ㉡ 전주와 창원 두 곳 모두에 분점을 낼 수는 없다.
> ㉢ 청주에는 분점을 내지 않는다.
> ㉣ 강릉에 분점을 내지 않으면 창원에 낸다.

① 전주
② 강릉, 창원
③ 전주, 강릉
④ 전주, 강릉, 창원

선재 쌤's Talk

25 C사에서는 다음 달 수입할 품목을 정하고 있다. 다음 조건에 따를 때 수입할 품목의 개수는?

> • 밀은 수입한다.
> • 옥수수나 콩을 수입한다.
> • 귀리를 수입하면 밀은 수입하지 않는다.
> • 옥수수를 수입하지 않거나 콩을 수입하지 않는다.

① 1개
② 2개
③ 3개
④ 4개

26 영희는 다음 계획에 따라 동계 올림픽을 관람할 예정이다. 반드시 참이라고는 할 수 없는 것은?

> · 스키와 아이스하키 중 적어도 한 종목은 관람한다.
> · 컬링을 관람한다면, 아이스하키는 관람하지 않는다.
> · 스키를 관람한다면, 봅슬레이도 관람한다.

① 컬링을 관람한다면, 스키도 관람한다.
② 봅슬레이를 관람하지 않는다면, 아이스하키는 관람한다.
③ 봅슬레이를 관람하거나 컬링을 관람하지 않는다.
④ 아이스하키를 관람한다면, 봅슬레이는 관람하지 않는다.

선재 쌤's Talk

명제 논리 — 생략된 전제 찾기

27 다음 대화의 빈칸에 들어갈 말로 가장 적절한 것은? 2025 국가직 9급

> 갑: 설명회는 다음 달 셋째 주 목요일이나 넷째 주 목요일에 개최해야 합니다.
> 을: 설명회를 [　　　　　　　　].
> 병: 설명회를 다음 달 셋째 주 목요일에 개최하면, 홍보 포스터 제작을 이번 주 안에 완료해야 합니다.
> 정: 여러분의 의견대로 하자면, 반드시 이번 주 안에 홍보 포스터 제작을 완료해야 하겠군요.

① 다음 달 넷째 주 목요일에 개최해야 합니다
② 다음 달 셋째 주 목요일에 개최할 수 없습니다
③ 다음 달 넷째 주 목요일에 개최할 수 없습니다
④ 다음 달 넷째 주 목요일에 개최하면, 이번 주 안에 홍보 포스터 제작을 완료하지 않아도 됩니다

28 밑줄 친 결론을 이끌어 내기 위해 추가해야 할 전제는?

> 만약 국제적으로 테러가 증가한다면, A국의 국방비 지출은 늘어날 것이다. 그런데 A국 앞에 놓인 선택은 국방비 지출을 늘리지 않거나 증세 정책을 실행하는 것이다. 그러나 A국이 증세 정책을 실행한다면, 세계 경제는 반드시 침체한다. 그러므로 <u>세계 경제는 결국 침체하고 말 것이다</u>.

① 국제적으로 테러가 증가한다.
② A국이 감세 정책을 실행한다.
③ A국의 국방비 지출이 늘어나지 않는다.
④ 만약 A국이 증세 정책을 실행한다면, A국의 국방비 지출은 늘어날 것이다.

29 형사 콜롬보의 진술이 참일 때, ㉠에 들어갈 말로 가장 적절한 것은?

> **콜롬보**: 당신이 범행을 저지르지 않았다면, 어제 친구와 같이 있었을 것입니다. 그런데 조사해 보니 당신이 어제 친구와 있으면서 집에 있지 않았다는 것은 불가능하더군요.
> **용의자**: 어쨌든 아직 아무것도 확실하지 않은 상태가 아닙니까?
> **콜롬보**: 하지만 방금 CCTV를 확보해 [㉠] 것을 알았습니다. 그러므로 당신은 그날 범행을 저지른 것이 확실합니다.

① 당신이 어제 친구와 같이 있었다는
② 당신이 어제 집에 있지 않았다는
③ 당신이 어제 집에 있었다는
④ 당신이 어제 친구와 함께 집에 있지 않았다는

30 밑줄 친 내용을 반드시 참으로 만들기 위해 추가해야 할 전제는?

> 황 주무관은 다음 주에 휴가를 내면 꽃등심을 먹을 것이다. 황 주무관은 다음 주에 휴가를 내거나 근무를 할 것이다. 따라서 황 주무관은 꽃등심을 먹거나 방어회를 먹을 것이다.

① 황 주무관이 방어회를 먹으면 다음 주에 근무를 할 것이다.
② 황 주무관이 다음 주에 근무를 하면 방어회를 먹을 것이다.
③ 황 주무관이 방어회를 먹으면 다음 주에 휴가를 내지 않을 것이다.
④ 황 주무관이 다음 주에 휴가를 내지 않으면 방어회를 먹지 않을 것이다.

선재 쌤's Talk

31 다음 추론이 타당하기 위해 추가로 필요한 진술은?

> 기차가 1번 승강장으로 들어왔다면, 그 기차는 서울을 지나왔을 것이다. 기차가 서울을 지나왔다면, 기차는 종점에서 출발했고 탑승 시간이 지연되었을 것이다. 따라서 기차는 1번 승강장으로 들어오지 않았다.

① 기차의 탑승 시간은 지연되었을 것이다.
② 기차는 종점에서 출발했을 것이다.
③ 기차는 서울을 지나왔을 것이다.
④ 기차의 탑승 시간은 지연되지 않았을 것이다.

32 태희는 도서관의 책에서 다음과 같은 메모를 발견하였다. 태희가 이 메모를 보고 "아, 진석이가 나를 좋아하는구나!"라고 믿기 위하여 보충되어야 할 전제는?

> 진석이 태희를 좋아하지 않는다면, 민수가 태희를 좋아해. 민수와 성빈 둘 중 한 사람만 태희를 좋아해. 성빈이 태희를 좋아할 경우에만 유리는 태희를 좋아해.

① 성빈이 태희를 좋아하면, 민수는 태희를 좋아하지 않는다.
② 유리가 태희를 좋아한다.
③ 민수는 태희를 좋아한다.
④ 성빈은 태희를 좋아하지 않는다.

선재 쌤's Talk

충분조건 · 필요조건 · 필요충분조건

33 다음 중 옳은 진술은?

① 사원증이 없으면 회사에 출입할 수 없지만, 회사에 출입할 수 있으면, 사원증이 있는 것이다. 따라서 사원증은 회사에 출입하기 위한 충분조건이다.
② 만 18세 이상은 대통령 선거 투표를 하기 위한 필요조건이다. 왜냐하면 오직 만 18세 이상만이 대통령 선거 투표를 할 수 있기 때문이다.
③ 푸른 하늘이 상쾌한 날씨의 필요조건이라면, 맑은 공기는 상쾌한 날씨의 충분조건이다. 따라서 하늘이 푸르면 공기가 맑다.
④ 배터리는 전기 자동차가 작동하기 위한 필요조건이지 충분조건은 아니다. 따라서 전기 자동차가 작동하지 않는다면 배터리가 없는 것이다.

선재 쌤's Talk

34 다음 중 옳지 않은 진술은?

① 양질의 수면은 집중력을 높이기 위해 충분한 조건이다. 그러므로 수면의 질이 떨어지면 집중력을 높일 수 없다.
② 보건증을 발급받지 않은 사람은 취업할 수 없다. 따라서 보건증을 발급받는 것은 취업하기 위한 필요조건이다.
③ 꾸준한 운동이 건강 유지의 필요조건이라면, 균형 잡힌 식습관은 건강 유지의 충분조건이다. 따라서 균형 잡힌 식습관을 가진 사람이라면 꾸준히 운동한다.
④ 좋은 인간관계와 건강한 신체는 행복한 노후를 보내기 위해 필수적인 조건이다. 따라서 좋은 인간관계를 맺지 못하거나 신체가 건강하지 않은 사람들은 행복한 노후를 보낼 수 없을 것이다.

35 ㉠에 들어갈 말로 가장 적절한 것은?

> 오토바이 운전자의 안전을 위해 눈에 잘 띄는 밝은색 옷을 입도록 권하는데, 밝은색 옷의 오토바이 운전자는 시각적으로 더 잘 보이고, 덕분에 더 쉽게 알아볼 수 있다. 그렇다고 해도 모든 자동차 운전자가 주위를 바라본다고 해서 밝은색 옷을 입은 오토바이 운전자를 다 인지하는 것은 아니다. 바라보는 행위는 인지의 ㉠ 없기 때문이다.

① 필요조건이 될 수
② 함축 관계를 나타내는 조건이 될 수
③ 충분조건이 될 수
④ 필요조건과 충분조건이 될 수

PART 2

정언 논리

선재국어 수비니겨 논리

명제 논리는 명제의 배열에 따라 논증의 타당성이 결정됩니다.
이와 달리 **정언 논리**는 단어의 배열에 따라 논증의 타당성이 결정됩니다.

이 파트에서는 **정언 명제의 표준 형식**을 익힌 후,
정언 명제들의 관계를 **대당 사각형**과 **다이어그램**을 이용하여 판단할 것입니다.

그리고 정언 명제들의 배열을 통해 타당한 결론을 도출하는
정언 삼단 논법을 학습하여
논리의 기본 개념을 더욱 튼튼히 다잡게 될 것입니다.

POINT 07 정언 논리 ①: 정언 명제의 형식

> **개념 POINT!**
> 1. 정언 논리란 명제를 이루는 구성 요소의 관계와 배열에 따라 논증의 타당성을 판단하는 추론 체계이다.
> 2. 정언 명제의 유형에는 **전칭 긍정 명제, 전칭 부정 명제, 특칭 긍정 명제, 특칭 부정 명제**의 네 가지 형식이 있다.

1. 정언 논리와 정언 명제의 개념

정언 논리[categorical logic] 체계는 명제 자체가 아니라 명제를 이루는 주어나 술어 같은 명제의 구성 요소의 형식에 따라 논증의 타당성을 판단하는 것으로, 명제를 구성하는 단어들의 관계와 배열을 살펴보는 논리 체계를 말한다.

정언 명제[categorical proposition]란 주어와 술어의 포함과 배제 관계를 서술하는 명제로, 대상이 어떤 성질을 가지고 있다(또는 가지고 있지 않다)고 판단한다. 즉 주어에 의해 지시되는 집합의 전부 또는 일부가 술어에 의해 지시되는 집합에 포함되거나 배제되어 있음을 주장하는 진술이다.

예를 들어 '모든 사람은 동물이다.'라는 명제는 '모든 사람'이 '동물'이라는 성질을 가지고 있다고 단정하는 판단을 하는 정언 명제이다. 즉 주어인 '사람'에 의해서 지시되는 집합의 전체가 술어인 '동물'에 의해서 지시되는 집합에 포함되어 있음을 나타내는 것이다.

이러한 정언 명제는 주어, 술어, 연결사, 양화사로 구성된다. 이때 주어(s)는 판단의 대상을, 술어(p)는 판단의 성질을 나타낸다.

```
            주부: 양(전칭, 특칭)      술부: 질(긍정, 부정)
           (모든/어떤) s는            p(이다/아니다)
            양화사     주어          술어    연결사
```

2. 정언 명제의 표준 형식

정언 명제는 양과 질에 따라 4가지의 표준 형식으로 나타낼 수 있다.

표준 형식		양/질	명제 유형
모든 s는 p이다.	All A are B.	전칭 긍정	A *affirmo (긍정)
모든 s는 p가 아니다.	No A is B.	전칭 부정	E *nego (부정)
어떤 s는 p이다.	Some A are B.	특칭 긍정	I *affirmo (긍정)
어떤 s는 p가 아니다.	Some A are not B.	특칭 부정	O *nego (부정)

① **전칭 긍정 명제**는 대상의 전부가 어떤 성질을 가지고 있다고 판단하는 명제로, A로 표시한다. 즉 주어 집합의 전체가 술어 집합에 포함되어 있음을 주장한다.
   - 예) 모든 사람은 동물이다.

② **전칭 부정 명제**는 대상의 전부가 어떤 성질을 가지고 있지 않다고 판단하는 명제로, E로 표시한다. 즉 주어 집합의 전체가 술어 집합에 포함되어 있지 않다는 것을 주장한다.
   - 예) • 모든 사람은 무생물이 아니다.
   - • 어떤 사람도 무생물이 아니다.

③ **특칭 긍정 명제**는 일부 대상이 어떤 성질을 가지고 있다고 판단하는 명제로, I로 표시한다. 즉 주어 집합의 원소 중 한 개 이상의 원소가 술어 집합에 포함되어 있음을 주장한다.
   - 예) 어떤 사람은 공무원이다.

④ **특칭 부정 명제**는 일부 대상이 어떤 성질을 가지고 있지 않다고 판단하는 명제로, O로 표시한다. 즉 주어 집합의 원소 중 한 개 또는 그 이상의 원소가 술어 집합에 포함되어 있지 않다는 것을 주장한다.
   - 예) 어떤 사람은 공무원이 아니다.

보충 자료 　 전칭 명제에 대한 입장의 차이: 존재 함축

아리스토텔레스의 **전통적 해석**은 전칭 명제의 주어에 해당하는 집합 s의 원소가 실제로 존재한다고 가정한다. 이를 **존재 함축**[existential import]이라고 한다.

반면 **현대적 해석**은 전칭 명제의 주어 집합 s의 존재 여부에 대해서 중립적인 태도를 취한다. 예를 들어 '모든 용은 뿔이 있는 동물이다.'라는 명제를 살펴보자. 용이 실제로 존재한다면 이 명제는 '어떤 용은 뿔이 있다.'를 함축하지만, 용이 실제로 존재하지 않는다면 함축 관계는 성립되지 않는다.

또 다른 예를 보자. '이 땅을 침범하는 모든 사람들은 재판에 넘겨진다.'라는 명제는 어떤 사람이 땅을 침범한다면 처벌된다는 뜻이지, 반드시 어떤 침범자가 실제로 존재함을 의미하는 것은 아니다.

따라서 **현대적 해석**은 전칭 긍정 명제와 전칭 부정 명제를 조건 명제로 이해한다. 즉 "만약 어떤 것이 s의 원소라면, 그것은 p의 원소이다/아니다."로 이해하는 것이다.
   - 예) • 모든 토끼는 빠른 동물이다. → 만약 그것이 토끼라면 그것(토끼)은 빠르다.
   - • 모든 거북이는 빠른 동물이 아니다. → 만약 그것이 거북이라면 그것(거북이)은 빠르지 않다.

이러한 존재 함축의 가정 여부에 따라, 정언 명제들 간의 함축 관계가 다르게 정의되는데, 수험에서 사용하는 대당 사각형은 일반적으로 전통적 관계(존재 함축)를 기반으로 출제된다.

POINT 08 정언 논리 ② : 대당 사각형

	Yes	No
개념 이해	☐	☐
문제 이해	☐	☐

개념 POINT!

1. **대당 사각형**은 정언 명제들의 논리적 관계를 도식화하여 보여 준다.
2. 각각의 명제들은 **모순 관계, 반대 관계, 소반대 관계, 함축 관계**를 이루고 있다.

1. 정언 명제들의 진리 관계 — 대당 사각형

정언 명제들 사이의 진위 관계를 대당 관계라고 한다. **대당 사각형**이란 네 가지 형식의 정언 명제를 도식화한 것으로, 각 정언 명제들의 논리적 관계를 직관적으로 파악할 수 있게 한다(여기서는 전통적 관점에 따른 대당 사각형을 소개한다.).

* 대당 사각형

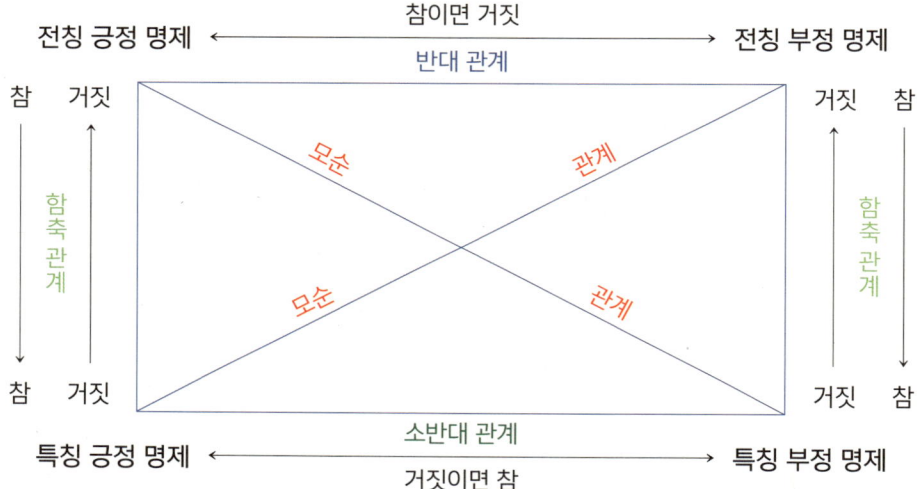

- 전칭 긍정 명제와 특칭 부정 명제는 모순 관계 → 참이면 거짓, 거짓이면 참
- 전칭 긍정 명제와 전칭 부정 명제는 반대 관계 → 참이면 거짓, 거짓이면 알 수 없음(동시에 참일 수 없다.).
- 특칭 긍정 명제와 특칭 부정 명제는 소반대 관계 → 거짓이면 참, 참이면 알 수 없음(동시에 거짓일 수 없다.).
- 전칭 긍정 명제와 특칭 긍정 명제는 함축 관계 → 전칭 긍정 명제가 참이면 특칭 긍정 명제도 참, 특칭 긍정 명제가 거짓이면 전칭 긍정 명제도 거짓
- 전칭 부정 명제와 특칭 부정 명제는 함축 관계 → 전칭 부정 명제가 참이면 특칭 부정 명제도 참, 특칭 부정 명제가 거짓이면 전칭 부정 명제도 거짓

2. 대당 사각형의 논리적 관계

(1) 모순[contradictory] 관계: 두 명제가 서로 상반된 진릿값을 지님.

전칭 긍정 명제와 특칭 부정 명제, 그리고 전칭 부정 명제와 특칭 긍정 명제는 모순 관계이다. 즉 두 명제가 서로 상반된 진릿값을 가지기 때문에, 동시에 참일 수도, 동시에 거짓일 수도 없다.

> • '모든 s는 p이다.'와 '어떤 s는 p가 아니다.'는 동시에 참일 수도, 동시에 거짓일 수도 없다.
> • '모든 s는 p가 아니다.'와 '어떤 s는 p이다.'는 동시에 참일 수도, 동시에 거짓일 수도 없다.

예)
- 모든 공무원은 성실한 사람이다. ⟷ 어떤 공무원은 성실한 사람이 아니다.
- 모든 공무원은 성실한 사람이 아니다. ⟷ 어떤 공무원은 성실한 사람이다.

모순 관계
: 동시에 참과 거짓이 안 됨. 참이면 거짓, 거짓이면 참

(2) 반대[contrary] 관계: 두 명제가 동시에 참일 수는 없음.

전칭 긍정 명제와 전칭 부정 명제는 반대 관계로, 동시에 참일 수는 없지만, 동시에 거짓일 수는 있다.

> • '모든 s는 p이다.'와 '모든 s는 p가 아니다.'는 **동시에 참일 수는 없다.**
> • '모든 s는 p이다.'와 '모든 s는 p가 아니다.'는 **동시에 거짓일 수는 있다.**

예) 모든 공무원은 성실한 사람이다. ⟷ 모든 공무원은 성실한 사람이 아니다.

반대 관계
: 동시에 참일 수는 없지만, 동시에 거짓은 가능함.

주의 '모든 공무원이 성실한 사람이다.'가 거짓이라고 할 때, 모든 공무원이 성실하지 않을 수도 있고, 일부만 성실하지 않을 수도 있다. 이것은 실제로 조사를 해 봐야 알기 때문에, 전칭 긍정 명제가 거짓이라고 할 때 전칭 부정 명제가 참인지 거짓인지를 단정할 수 없다. 이것은 전칭 부정 명제가 거짓이어도 마찬가지이다. 따라서 반대 관계는 동시에 참일 수는 없지만, 동시에 거짓은 가능한 것이다.

TIP 모순 관계 VS 반대 관계

모순 관계	반대 관계
동시에 참일 수 없다. → *참이면 거짓*	동시에 참일 수 없다. → *참이면 거짓*
동시에 거짓일 수 없다. → *거짓이면 참*	동시에 거짓일 수 있다. → *거짓이면 알 수 없음.*

(3) 소반대[sub-contrary] 관계: 두 명제가 동시에 거짓일 수는 없음.
특칭 긍정 명제와 특칭 부정 명제는 소반대 관계이다. 이에 따르면 두 명제는 동시에 참일 수는 있지만, **동시에 거짓일 수는 없다.**

- '어떤 s는 p이다.'와 '어떤 s는 p가 아니다.'는 동시에 참일 수는 있다.
- '어떤 s는 p이다.'와 '어떤 s는 p가 아니다.'는 동시에 거짓일 수는 없다.

예) 어떤 공무원은 성실한 사람이다. ←→ 어떤 공무원은 성실한 사람이 아니다.
  소반대 관계
  : 동시에 참은 가능, 동시에 거짓은 불가능

> **TIP** 'sub-contrary'라는 명칭을 사용하는 이유
>
> 소반대 관계를 'sub-contrary'라고 하는 이유는 반대 관계와 모순 관계를 활용하여 두 명제의 관계를 도출하기 때문이다. 특칭 긍정 명제가 거짓이면 이것과 모순 관계인 전칭 부정 명제는 참이다. 전칭 부정 명제가 참이면 반대 관계인 전칭 긍정 명제는 거짓이다. 그리고 전칭 긍정 명제와 모순 관계인 특칭 부정 명제는 반드시 참이다. 즉 반대 관계와 모순 관계를 이용하면, 특칭 긍정 명제가 거짓이면 반드시 특칭 부정 명제가 참이라는 판단(반대도 마찬가지임.)을 도출할 수 있다.

(4) 함축[imply, entail] 관계: 전칭 명제의 참은 특칭 명제의 참을 함축하고, 특칭 명제의 거짓은 전칭 명제의 거짓을 함축함.
명제 사이에서 'A가 참이면 B도 반드시 참'일 때, "A가 B를 함축한다."라고 말한다.

① **전칭 긍정 명제와 특칭 긍정 명제**는 함축 관계이다.
즉 **전칭 긍정이 참일 때는 특칭 긍정은 무조건 참**이지만, 전칭 긍정이 거짓일 때는 특칭 긍정의 참·거짓은 알 수 없다.
또한 **특칭 긍정이 참일 때는 전칭 긍정의 참·거짓을 알 수 없지만**, 특칭 긍정이 거짓일 때는 전칭 긍정은 무조건 거짓이다.

- '모든 s는 p이다.'가 **참**이면 '어떤 s는 p이다.'는 **무조건 참**이다.
- '모든 s는 p이다.'가 **거짓**이면 '어떤 s는 p이다.'는 **알 수 없다.**
- '어떤 s는 p이다.'가 **참**이면 '모든 s는 p이다.'는 **알 수 없다.**
- '어떤 s는 p이다.'가 **거짓**이면 '모든 s는 p이다.'는 **거짓**이다.

예) • 모든 공무원은 성실한 사람이다. ←→ 어떤 공무원은 성실한 사람이다.
  함축 관계
  : 전칭이 참일 때, 특칭은 무조건 참 / 전칭이 거짓이면 특칭은 알 수 없음.
 • 어떤 공무원은 성실한 사람이다. ←→ 모든 공무원은 성실한 사람이다.
  함축 관계
  : 특칭이 참일 때, 전칭은 알 수 없음. / 특칭이 거짓이면 전칭은 무조건 거짓

② **전칭 부정 명제와 특칭 부정 명제**는 함축 관계이다.

즉 전칭 부정이 참일 때는 특칭 부정은 무조건 참이지만, 전칭 부정이 거짓일 때는 특칭 부정의 참·거짓은 알 수 없다.

또한 특칭 부정이 참일 때는 전칭 부정의 참·거짓을 알 수 없지만, 특칭 부정이 거짓일 때는 전칭 부정은 무조건 거짓이다.

- '모든 s는 p가 아니다.'가 **참**이면 '어떤 s는 p가 아니다.'는 **무조건 참**이다.
- '모든 s는 p가 아니다.'가 **거짓**이면 '어떤 s는 p가 아니다.'는 **알 수 없다**.
- '어떤 s는 p가 아니다.'가 **참**이면 '모든 s는 p가 아니다.'는 **알 수 없다**.
- '어떤 s는 p가 아니다.'가 **거짓**이면 '모든 s는 p가 아니다.'는 **거짓**이다.

예)
- 모든 공무원은 성실한 사람이 아니다. ⟷ 어떤 공무원은 성실한 사람이 아니다.
  함축 관계
  : 전칭이 참일 때, 특칭은 무조건 참 / 전칭이 거짓이면 특칭은 알 수 없음.
- 어떤 공무원은 성실한 사람이 아니다. ⟷ 모든 공무원은 성실한 사람이 아니다.
  함축 관계
  : 특칭이 참일 때, 전칭은 알 수 없음. / 특칭이 거짓이면 전칭은 무조건 거짓

③ 함축 관계는 방향이 있다는 것을 주의해야 한다. 다음의 예를 볼 때, 앞의 명제가 뒤의 명제를 함축하는 것이지, 뒤의 명제가 앞의 명제를 함축하는 것은 아니다.

예) (a) 철수는 20대 공시생이다.
　　(b) 철수는 공시생이다.
→ (a) 명제가 (b) 명제를 함축하는 것이지, 그 역은 아니다.

그런데 이 두 주장을 각각 부정하면, 이번에는 '(b) 명제가 (a) 명제를 함축한다.'라는 것을 알 수 있다.

예) (a) 철수는 20대 공시생이 아니다.
　　(b) 철수는 공시생이 아니다.
→ 부정하면, (b) 명제가 (a) 명제를 함축하게 된다.

그러므로 'A가 B를 함축하면, B의 부정은 A의 부정을 함축한다.'라는 사실을 알 수 있다.

보충 자료 　**대당 사각형의 논리적 관계**

1. **모순 관계**: 동시에 참도, 동시에 거짓도 안 됨. → 참이면 거짓, 거짓이면 참
2. **반대 관계**: 동시에 참은 안 되지만, 동시에 거짓은 됨. → 참이면 거짓, 거짓이면 알 수 없음.
3. **소반대 관계**: 동시에 참은 되지만, 동시에 거짓은 안 됨. → 참이면 알 수 없음, 거짓이면 참
4. **함축 관계**: 전칭이 참이면 특칭은 무조건 참, 특칭이 거짓이면 전칭은 무조건 거짓 → 참이면 참

01 다음 대당 사각형을 보고 명제들 간의 관계와 특징을 쓰시오.

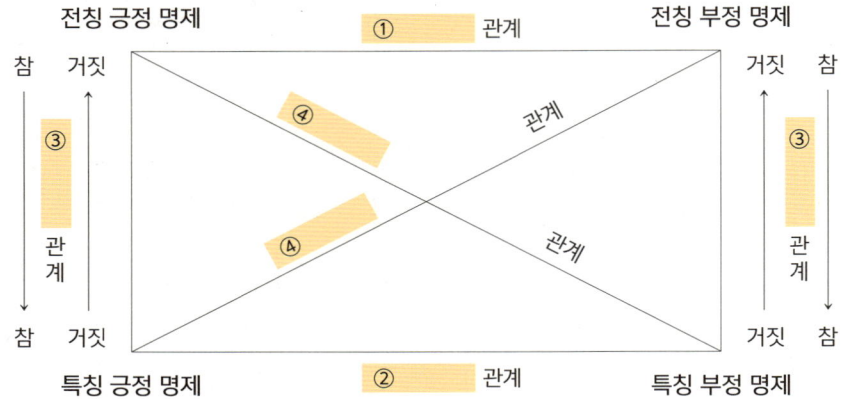

02 다음 명제들의 관계를 파악하고, 참과 거짓 여부를 판단하시오.

① '모든 s는 p이다.'와 '모든 s는 p가 아니다.'는 ㉠   관계이므로, ㉡   일 수는 없지만, ㉢   일 수는 있다.

② '어떤 s는 p가 아니다.'가 참이면 '모든 s는 p가 아니다.'는   관계이므로, 참과 거짓을 알 수 없다.

③ '모든 s는 p가 아니다.'와 '어떤 s는 p이다.'는   관계이므로, 동시에 참일 수도, 동시에 거짓일 수도 없다.

④ '모든 s는 p가 아니다.'가 참이면 '어떤 s는 p가 아니다.'는 ㉠   관계이므로, 무조건 ㉡   이다.

⑤ '모든 s는 p이다.'와 '모든 s는 p가 아니다.'는 ㉠   관계이므로, 동시에 ㉡   일 수는 없다.

⑥ '어떤 s는 p이다.'와 '어떤 s는 p가 아니다.'는 ㉠   관계이므로, ㉡   일 수는 있지만, ㉢   일 수는 없다.

⑦ '모든 s는 p가 아니다.'가 참이면 '어떤 s는 p가 아니다.'는 참/거짓 이다.

⑧ '모든 s는 p이다.'가 참이면 '어떤 s는 p가 아니다.'는 참/거짓 이다.

⑨ '모든 s는 p이다.'가 참이면 '모든 s는 p가 아니다.'는 참/거짓 이다.

⑩ '어떤 s는 p이다.'가 거짓이면 '어떤 s는 p가 아니다.'는 참/거짓 이다.

03 다음 명제들을 정언 논리 체계에 따라 그 타당성을 판단하시오.

> / 예시 /
> - 모든 학자는 지식인이다. → 참
> - 어떤 학자는 지식인이 아니다. → 거짓
>
> 전칭 긍정 명제와 특칭 부정 명제는 모순 관계이므로, 동시에 참일 수도, 동시에 거짓일 수도 없다.
> 따라서 거짓이다.

① • 모든 예술품은 모조품이 아니다. → 참
  • 어떤 예술품은 모조품이다. → _____

② • 모든 토끼는 빠른 동물이다. → 참
  • 모든 토끼는 빠른 동물이 아니다. → _____

③ • 모든 공무원은 사업가가 아니다. → 참
  • 어떤 공무원은 사업가가 아니다. → _____

④ • 어떤 공무원은 사업가가 아니다. → 참
  • 모든 공무원은 사업가가 아니다. → _____

⑤ • 어떤 토끼는 빠른 토끼이다. → 거짓
  • 어떤 토끼는 빠른 토끼가 아니다. → _____

⑥ 모든 음악가들은 예술가라는 것은 참이다. 그러므로 모든 음악가들은 예술가가 아니라는 것은 거짓이다.
  맞는 판단 | 틀린 판단 | 알 수 없음

⑦ 어떤 의사가 희생적 사람이라는 것은 참이다. 그러므로 모든 의사는 희생적 사람이라는 것은 참이다.
  맞는 판단 | 틀린 판단 | 알 수 없음

⑧ 모든 공단기 수험생들은 성실한 학생이 아니라는 것은 참이다. 따라서 모든 공단기 수험생들이 성실한 학생이라는 것은 거짓이다.
  맞는 판단 | 틀린 판단 | 알 수 없음

⑨ 어떤 공단기 수험생들은 합격한 학생들이라는 것은 참이다. 따라서 모든 공단기 수험생들은 합격한 학생들이 아니라는 것은 거짓이다.
  맞는 판단 | 틀린 판단 | 알 수 없음

⑩ 어떤 공단기 수험생들은 성실한 학생이 아니라는 것은 거짓이다. 따라서 어떤 공단기 수험생들은 성실한 학생이라는 것은 거짓이다.
  맞는 판단 | 틀린 판단 | 알 수 없음

POINT 09 정언 논리 ③ : 다이어그램

개념 POINT!

1 **벤 다이어그램**은 주어 집합과 술어 집합 사이의 포함과 배제 관계를 동일한 크기의 원을 사용하여 나타내고, **라이프니츠 다이어그램**은 포함과 배제 관계를 선분을 사용하여 매우 직관적으로 나타낸다.

2 이러한 다이어그램은 논리적 관계를 이해하는 과정이나 선택지를 검토할 때 보조적으로 사용할 수 있는 논리적 도구이다.

정언 명제들 간의 진위 관계를 파악하기 위해서 다이어그램을 이용하기도 한다. 시험에서 가장 많이 응용될 수 있는 다이어그램은 벤 다이어그램과 라이프니츠 다이어그램이다. 그러나 실제 시험에서는 많은 경우 효율성이 떨어질 수 있으므로, 문제를 푸는 보조적 수단으로 익혀 두거나 논리적 개념을 학습하는 과정에서 도움을 주는 도구로 이용하도록 한다.

1. 벤 다이어그램으로 나타내기

* 이 책에서는 전통적 관점(존재 함축을 인정함.) 입장에서 다이어그램을 사용한다. 빗금은 비어 있는 자리를 나타낸다는 점에 주의한다.

영국 수학자인 벤(John Venn, 1834~1923)은 동일한 크기의 원을 자유롭게 움직여 여러 경우들이 나오도록 하는 다이어그램을 고안했다. 벤 다이어그램은 정언 명제에 나오는 주어 개념과 술어 개념을 하나의 집합을 가리키는 표현으로 본다. 즉 각각의 정언 명제는 주어와 술어의 두 집합 사이에 일정한 관계가 있다고 주장하는 것이 된다.

이러한 벤 다이어그램은 정언 진술들의 주장을 도형으로 나타내기 때문에 정언 진술들로 이루어진 논증들의 타당성을 판별하는 데 매우 유용하다. 특히 이 방법은 어떤 삼단 논법이 부당하다는 것, 즉 전제로부터 결론이 도출되지 않는다는 것을 입증하는 편리한 방법이다.

전칭 긍정 명제: 모든 S는 P이다.

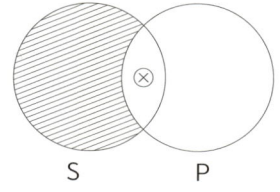

전칭 부정 명제: 모든 S는 P가 아니다.

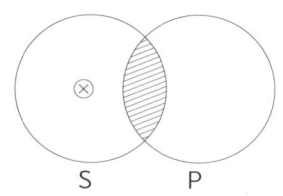

특칭 긍정 명제: 어떤 S는 P이다.

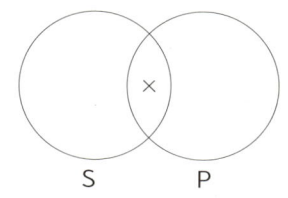

특칭 부정 명제: 어떤 S는 P가 아니다.

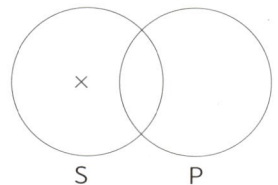

> **TIP** 벤 다이어그램 이해하기
>
> 1. 벤 다이어그램에서 어떤 영역에 표시를 한다는 것은 그것이 그 정언 명제가 참이 되는 조건임을 의미한다. 즉 벤 다이어그램은 정언 명제가 참이 되는 조건, 즉 정언 명제의 진리 조건을 시각적으로 표시한 것이다.
> 2. 벤 다이어그램에서 아무런 표시가 없는 영역은 그 명제가 아무런 명시적 정보도 제공하지 않는다는 의미이다. 즉 해당 영역에 빗금 표시가 있을 경우에만 그 영역이 공집합임을 알 수 있고, 해당 영역에 × 표시가 되어 있을 때에만 그 영역이 공집합이 아님을 알 수 있는 것이다.

2. 라이프니츠 다이어그램으로 나타내기

라이프니츠 다이어그램은 S와 P의 포함과 배제 관계를 선분을 사용하여 매우 직관적으로 나타낸다. 정언 명제의 형식을 통해 간단한 결론을 도출하는 문제를 풀 때나, 선택지의 내용을 검토할 때 사용하면 효율적이다.

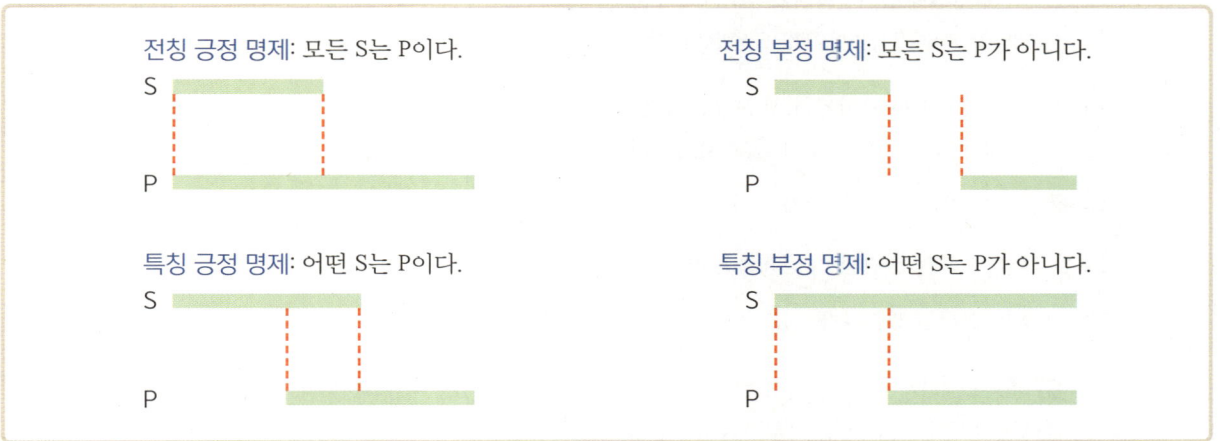

> **보충 자료** 정언 명제의 환위
>
> 정언 명제의 주어와 술어의 자리를 바꾸는 것을 환위라고 하며, 이러한 조작을 한 명제를 환위문이라고 한다. 환위는 표준 정언 명제를 사용하여 명제의 진위를 판단하고자 할 때, 명제의 주어가 일치하지 않는 경우 사용할 수 있다.
>
> 이때 전칭 부정 명제와 특칭 긍정 명제는 환위문을 사용할 수 있다. 그러나 전칭 긍정 명제와 특칭 부정 명제는 환위하여 판단을 내릴 수 없다.
>
> 이러한 환위문은 논리 문제를 풀 때도 사용할 수 있지만, 독해의 내용 일치 유형을 풀 때에도 유용하게 쓰일 수 있다.
>
> **예** 1. • 모든 토끼는 빠른 동물이 아니다. ⇔ 모든 빠른 동물은 토끼가 아니다.
>   • 어떤 토끼는 빠른 동물이다. ⇔ 어떤 빠른 동물은 토끼이다.
>   → 환위를 해도 논리적 동치임. 환위를 하여 판단을 내려도 됨.
>
>   〈PART 3 술어 논리〉로 표현하면,
>   A → ~B [대우] B → ~A
>   A ∧ B   [교환] B ∧ A
>
>   2. • 모든 토끼는 빠른 동물이다. ⇔ 모든 빠른 동물은 토끼이다.
>   • 어떤 토끼는 빠른 동물이 아니다. ⇔ 어떤 빠른 동물은 토끼가 아니다.
>   → 환위를 하면 범주가 달라지므로, 환위문을 사용할 수 없음.

연습하기

01 ▯에 들어갈 알맞은 선택지의 번호를 쓰시오.

> 철수: 선생님, 이번에 인혁처 예시 문제 중에서, 이해가 안 가는 문제가 있어요. 다음 문제를 푸는 방법이 무엇인 가요?
>
> > **가와 나를 전제로 할 때 빈칸에 들어갈 결론으로 가장 적절한 것은?**   인혁처 1차 예시 문제
> >
> > > **가** 노인 복지 문제에 관심이 있는 사람 중 일부는 일자리 문제에 관심이 있는 사람이 아니다.
> > > **나** 공직에 관심이 있는 사람은 모두 일자리 문제에 관심이 있는 사람이다.
> > > 따라서 ▭.
> >
> > ① 노인 복지 문제에 관심이 있는 사람 중 일부는 공직에 관심이 있는 사람이 아니다
> > ② 공직에 관심이 있는 사람 중 일부는 노인 복지 문제에 관심이 있는 사람이 아니다
> > ③ 공직에 관심이 있는 사람은 모두 노인 복지 문제에 관심이 있는 사람이 아니다
> > ④ 일자리 문제에 관심이 있지만 노인 복지 문제에 관심이 없는 사람은 모두 공직에 관심이 있는 사람이 아니다
>
> 선재 쌤: 이 문제는 다음 단원에서 배우는 술어 논리로 푸는 게 제일 좋아. 그런데 일단 지금 배운 다이어그램으로 이해해 보도록 하자. 철수야, **가**와 **나**는 무슨 명제라고 할 수 있니?
>
> 철수: **가**는 특칭 부정 명제이고, **나**는 전칭 긍정 명제이네요.
>
> 선재 쌤: 그렇지? 그러면 한번 이 명제들을 라이프니츠 다이어그램으로 표현해 볼래?
>
> 철수: 네, 한번 그려 보겠습니다.
>
> > **가** 어떤 노인 복지 문제에 관심 있는 사람은 일자리 문제에 관심이 있는 사람이 아니다.: 특칭 부정 명제
> > **나** 모든 공직에 관심이 있는 사람은 일자리 문제에 관심이 있는 사람이다.: 전칭 긍정 명제
>
>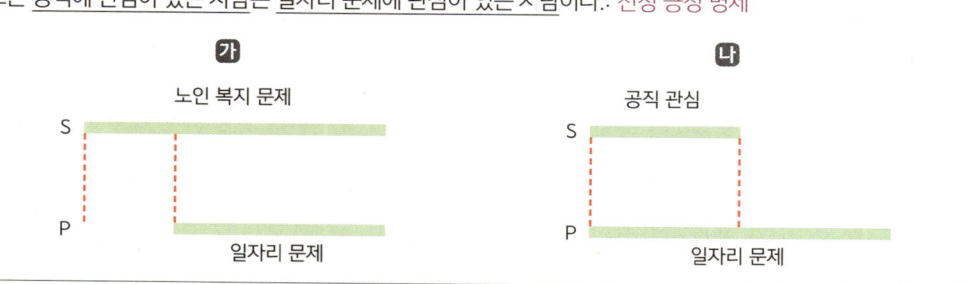
>
> 선재 쌤: 다이어그램을 그려 보니 알 수 있겠지? 이렇게 다이어그램은 정언 명제들의 논리 관계를 시각적으로 나타내어 직관적인 이해를 가능하게 한단다.
>
> 철수: 아, 이렇게 그려 보니까, 왜 다른 선택지들이 틀린지도 알 수 있네요. 정답은 ▯번입니다.
>
> 선재 쌤: 하지만 이런 방법은 개념들이 많은 복잡한 문제들에 적용하기에는 한계가 있어. 그래서 이해를 위한 보조적인 수단으로만 활용하도록 하고, 다음에 배우는 술어 논리 방식으로 문제를 풀도록 하자.
>
> 철수: 네. 이제부터 술어 논리를 통해 삼단 논법의 타당성을 확실하게 증명해 보겠어요.

01~04 다음 문장을 라이프니츠 다이어그램으로 나타내 봅시다.

01 노인 복지 문제에 관심이 있는 사람 중 일부는 공직에 관심이 있는 사람이 아니다.
➡

02 공직에 관심이 있는 사람 중 일부는 노인 복지 문제에 관심이 있는 사람이 아니다.
➡

03 공직에 관심이 있는 사람은 모두 노인 복지 문제에 관심이 있는 사람이 아니다.
➡

04 일자리 문제에 관심이 있지만 노인 복지 문제에 관심이 없는 사람은 모두 공직에 관심이 있는 사람이 아니다.
➡

POINT 10 정언 논리 ④ : 정언 삼단 논법

	Yes	No
개념 이해	☐	☐
문제 이해	☐	☐

> **개념 POINT!**
> 1. **정언 삼단 논법**은 대전제와 소전제에서 결론을 도출하는 연역 논증으로, 세 개의 정언 명제와 세 개의 개념으로 구성된다.
> 2. **주연**(周延, distribution)이란 주어와 술어에서 사용된 개념의 범주를 확인하기 위해 사용하는 개념이다. 주어는 전칭 명제에서 주연되고, 술어는 부정 명제에서 주연된다.

1. 정언 삼단 논법의 개념

정언 삼단 논법이란 대전제와 소전제에서 결론을 이끌어 내는 연역 논증의 유형이다. 정언 삼단 논법은 세 개의 정언 명제로 이루어져 있으며, 각기 다른 단어(개념) 세 개가 등장한다.

결론인 명제에는 소개념과 대개념이 포함되어 있는데, 이때 결론의 주어를 소개념[minor term], 술어를 대개념[major term]이라고 한다. 그리고 소전제는 소개념을 포함한 전제를, 대전제는 대개념을 포함한 전제를 말한다. 매개념[middle term]은 결론에 포함되지 않은 개념으로, 전제에서만 중복되어 나타나는 단어를 가리킨다.

대전제	대개념 포함	모든/어떤	P(대개념)는	M이다/아니다.
소전제	소개념 포함	모든/어떤	S(소개념)는	M이다/아니다.
결론	그러므로	모든/어떤	S(소개념)는	P(대개념)이다/아니다.

예) 어떤 공무원은 경찰이다. 　　　　　어떤 P는 M이다.
　　　　　　　　　매개념　　　　　　　　　　　매개념
　　　모든 경찰은 애국자이다. 　　　　　모든 M은 S이다.

　　　따라서 어떤 애국자는 공무원이다. 　따라서 어떤 S는 P기다.
　　　　　　　　소개념　　대개념　　　　　　　　소개념　　대개념

2. 삼단 논법의 타당성 검토

삼단 논법의 타당성을 판별하는 데 필수적인 요건 중 하나는 각각의 명사들이 대상을 어느 범위까지 언급하는지 확인하는 일이다. 가령 전제에서는 '일부 수험생들만 성실하다.'라고 하고, 결론에서는 '모든 수험생들이 성실하다.'라고 하면 이 주장은 타당하지 않다.

이때 한 명제에서 주어와 술어가 전체를 지시하는지 아니면 일부만 지시하는지 확인하기 위해서 사용하는 개념이 '주연(周延, distribution)'이다. 예를 들어 명사가 전체 대상을 언급하면 그 명사는 주연되었다고 한다.

표준 정언 명제를 주연 관계에 따라 정리하면 <u>주어는 전칭 명제에서 주연되고, 술어는 부정 명제에서 주연된다</u>는 것을 알 수 있다.

명제		주어 주연	술어 주연
전칭 긍정 명제	모든 S는 P이다.	○	×
전칭 부정 명제	모든 S는 P가 아니다.	○	○
특칭 긍정 명제	어떤 S는 P이다.	×	×
특칭 부정 명제	어떤 S는 P가 아니다.	×	○

따라서 삼단 논법의 타당성은 다음과 같은 사항을 검토해서 판단한다.

(1) 매개념은 적어도 한 번은 주연되어야 한다

매개념은 결론에는 나오지 않고 전제에만 두 번 등장하는 개념인데, 적어도 한 번은 반드시 주연되어야 한다. 즉 매개념이 주어에 있다면 전칭 명제가, 매개념이 술어에 있다면 부정 명제가 와야 하며, 이 규칙을 어기면 '**매개념 부주연의 오류**'를 범했다고 말한다.

> 예) 어떤 공무원은 경찰이다.
> 모든 애국자는 공무원이다.
> ─────────────────
> 그러므로 어떤 애국자는 경찰이다.

→ 이 예시에서 '공무원'이라는 매개념은 대전제나 소전제에서 주연되고 있지 않다.

(2) 전제에서 주연되지 않은 명사가 결론에서 주연되어서는 안 된다

대개념이 전제에서는 주연되지 않고 결론에서만 주연되는 경우를 '**대개념 부당 주연의 오류**'라고 한다. 또한 소개념이 전제에서는 주연되지 않고 결론에서만 주연되는 경우를 '**소개념 부당 주연의 오류**'라고 한다.

① 대개념 부당 주연의 오류

> 예) 모든 생물학자는 과학자이다.
> 어떤 철학자도 생물학자가 아니다.
> ─────────────────
> 그러므로 어떤 철학자도 과학자가 아니다.

→ 결론의 대개념이 주연됨에도 불구하고 전제의 대개념, 즉 '과학자'가 주연되지 않고 있다.

② 소개념 부당 주연의 오류

> 예) 모든 토끼는 포유동물이다.
> 모든 토끼는 초식 동물이다.
> ─────────────────
> 그러므로 모든 초식 동물은 포유동물이다.

→ 결론은 모든 '초식 동물'에 관해서 말하고 있는데, 전제는 모든 '초식 동물'에 관해서 말하고 있지 않다. 따라서 결론은 전제가 말하는 바를 부당하게 넘어서고 있는 것이다.

(3) 두 전제가 모두 부정 명제일 수 없다

삼단 논법은 전제들 중 하나는 반드시 긍정 명제이어야 한다. 두 전제가 모두 부정 명제이면 결론에 어떤 명제가 오더라도 모두 부당한 삼단 논법이 된다는 것이다. 이 규칙을 어겼을 경우에는 '**양부정 전제의 오류**'를 범했다고 말한다.

> 예) 모든 영화배우는 바보가 아니다.
> 어떤 예능인은 바보가 아니다.
> ─────────────────
> 그러므로 어떤 예능인은 영화배우가 아니다.

→ 이 예시는 전제가 모두 부정 명제이기 때문에 부당하다.

(4) 전제 중 부정이 있으면 결론도 부정이어야 한다

전제 가운데 하나가 부정 명제이면 결론도 부정 명제이어야 하고, 결론이 부정 명제이면 전제 가운데 하나가 부정 명제이어야 한다. 이 규칙을 어겼을 경우에는 '부당 긍정의 오류' 또는 '부당 부정의 오류'를 범했다고 말한다.

> 예) 모든 개그맨은 예능인이다.
> 어떤 예능인은 운동선수가 아니다.
> ─────────────────
> 그러므로 어떤 운동선수는 개그맨이다.

→ 이 예시는 전제에 부정 명제가 있는데 결론은 긍정 명제이므로 '부당 긍정의 오류'를 범한 것이다.

> **TIP** 삼단 논법의 오류 정리
> 1. 매개념의 주연 여부 검토(매개념 찾기 → 주어는 '모든', 술어는 '부정' 확인)
> 2. 긍정+긍정=긍정 결론, 그렇지 않으면 부정 결론
> 3. 어떤+어떤=×
> 4. 결론의 주어가 '모든'이면 전제에도 '모든', 결론의 술어가 '부정'이면 전제에도 '부정'

심화 정언 삼단 논법의 표준 형식

정언 삼단 논법의 형식은 식과 격에 따라 유형화될 수 있다. 식이란 대전제, 소전제, 결론의 명제 유형(A, E, I, O)을 밝혀 배열한 것이고, 격이란 매개념의 위치에 따라 배열한 것이다. 따라서 명제의 유형과 매개념의 위치에 따라 정언 삼단 논법을 배열하면 다음의 4가지로 정리할 수 있다.

제1격	제2격	제3격	제4격
M–P	P–M	M–P	P–M
S–M	S–M	M–S	M–S
S–P	S–P	S–P	S–P

대전제, 소전제, 결론에 각각 4개의 정언 명제의 형식이 나타나고(4×4×4=64), 여기에 4가지 다른 격이 있으므로, 정언 삼단 논법의 유형은 모두 256개이다. 그러나 이 중에서 무조건 타당한 정언 삼단 논법의 형식은 15개 정도밖에 없다.

1격	2격	3격	4격
AAA	EAE	IAI	AEE
EAE	AEE	AII	IAI
AII	EIO	OAO	EIO
EIO	AOO	EIO	

> 예) 모든 공무원은 성실한 사람이다.   – A(전칭 긍정) 명제
> 모든 사기꾼은 성실한 사람이 아니다.   – E(전칭 부정) 명제 → 2격의 AEE 형식의 정언 삼단 논법: 무조건 타당함.
> 따라서 모든 사기꾼은 공무원이 아니다.   – E(전칭 부정) 명제

그런데 타당한 정언 삼단 논법의 형식을 외워서 푸는 것은 그다지 효율적인 방법이 아닐 것이다. 따라서 시험 문제를 풀 때에는 술어 논리 체계를 사용하여 타당성을 증명한다.

> **연습하기**
>
> **01~05** 다음 논증 구조를 '대전제 – 소전제 – 결론'의 형태로 재배열하고, 매개념을 표시하시오.
>
> **01** 식물을 키우는 사람은 모두 비 오는 날을 좋아하는데, 야구 선수는 어느 누구도 비 오는 날을 좋아하지 않는다. 따라서 야구 선수는 모두 식물을 키우는 사람이 아니다.
>
> **02** 우리 모임 회원들은 모두 경제학과 출신이고, 우리 모임 회원들 중에는 공무원도 있다. 따라서 경제학과 출신 중에는 공무원도 있다.
>
> **03** 친절한 사람은 모두 배려심이 많고, 배려심이 많은 사람은 모두 계산적이지 않다. 따라서 계산적인 사람은 모두 친절하지 않다.
>
> **04** 영어 성적이 좋은 학생은 모두 국어 성적이 좋은 학생이다. 그러나 영어 성적이 좋은 학생 가운데는 수학 성적이 좋지 않은 학생도 있다. 따라서 국어 성적이 좋은 학생 가운데는 수학 성적이 좋지 않은 학생도 있다.
>
> **05** 철수가 본 책은 모두 영희가 보지 않은 책이지만, 민수가 본 책 가운데는 영희가 본 책이 있다. 따라서 민수가 본 책 가운데 철수가 보지 않은 책이 있다.
>
> **06** 〈PART 3 술어 논리〉를 학습한 후 **01~05** 의 타당성을 술어 논리로 증명하시오.

연습 문제 정언 논리

명제들의 대당 관계

01 ㉠이 참이라면, ㉡과 ㉢의 참·거짓은?

> ㉠ 모든 철학가는 비관주의자가 아니다.
> ㉡ 어떤 철학가는 비관주의자이다.
> ㉢ 모든 철학가는 비관주의자이다.

	㉡	㉢		㉡	㉢
①	알 수 없다	참	②	참	알 수 없다
③	거짓	거짓	④	알 수 없다	거짓

02 다음 명제 사이의 관계에 대한 추론으로 옳은 것은?

> ㉠ 모든 공직자는 사명감을 가지고 있다.
> ㉡ 모든 공직자는 사명감을 가지고 있지 않다.
> ㉢ 어떤 공직자는 사명감을 가지고 있다.
> ㉣ 어떤 공직자는 사명감을 가지고 있지 않다.

① ㉠과 ㉡은 동시에 거짓일 수는 없지만 동시에 참일 수는 있다.
② ㉢이 참이면 ㉣은 거짓이고, ㉢이 거짓이면 ㉣도 거짓이다.
③ ㉡이 참이면 ㉢은 거짓이고, ㉢이 참이면 ㉡은 거짓이다.
④ ㉠이 참이면 ㉢은 참이지만, ㉢이 거짓이면 ㉠은 알 수 없다.

03 ㉠에 해당하는 경우를 모두 고른 것은?

명제들 간의 논리적 관계는 그 종류를 구분할 수 있다. 예시로, ㉠ <u>두 명제가 동시에 참일 수 없지만, 동시에 거짓일 수 있는 경우</u>가 있다.

㉮ Ⅰ : 서울시 시 의원은 모두 배지를 달고 있다.
　　Ⅱ : 단 한 명의 서울시 시 의원도 배지를 달고 있지 않다.

㉯ Ⅰ : 그 에펠탑은 프랑스 파리에 있다.
　　Ⅱ : 그 에펠탑은 영국 런던에 있다.

㉰ Ⅰ : 누군가 나를 믿지 않았다.
　　Ⅱ : 적어도 한 사람이 나를 믿어 주었다.

① ㉮　　　　　　　　② ㉮, ㉯
③ ㉯, ㉰　　　　　　　④ ㉮, ㉯, ㉰

선재 쌤's Talk

04 '마크 트웨인'이 수정한 명제가 무엇을 의미하는지를 올바르게 설명한 사람은?

> 미국의 저명한 작가 마크 트웨인은 한 연회석상에서 기자의 질문에 "미국 국회의 어떤 의원은 썩어 빠진 사람이다."라고 답했다. 그 기자는 마크 트웨인의 말을 그대로 신문에 발표해서 큰 파장을 일으켰다. 워싱턴 정가의 국회 의원들은 크게 화를 내며 마크 트웨인에게 잘못을 인정하는 성명을 신문에 발표하지 않으면 명예 실추 등을 이유로 법률적인 제재를 가하겠다고 위협했다. 며칠 후 마크 트웨인은 이 요구를 받아들여 《뉴욕 타임스》에 정정 성명을 게재했다. 그 내용은 다음과 같다.
>
> "며칠 전에 나는 ㉠ '미국 국회의 어떤 의원은 썩어 빠졌다.'라고 말했다. 그 후 어떤 사람들은 나에게 잘못을 인정하라고 나를 계속 위협했다. 그래서 나는 다시 이 내용을 생각해 보았는데, 그 결과 내가 한 말은 그리 타당한 표현이 아니었다. 그러므로 나는 오늘 특별히 성명을 발표하여 나의 말을 다음과 같이 수정한다.
> ㉡ '미국 국회의 어떤 의원은 썩어 빠지지 않았다.'"

① 훈: ㉠을 ㉡이라고 수정하면 의미가 모순이 되므로, 자신의 말을 정정하고 있군.
② 민: ㉠을 ㉡이라고 수정하면 ㉠을 부정하게 되므로, 자신의 말을 사과하고 있군.
③ 정: ㉠을 ㉡이라고 수정해도 동시에 참이 될 수 있으므로, 여전히 국회 의원들을 비판하고 있군.
④ 음: ㉠을 ㉡이라고 수정해도 동시에 거짓이 될 수 있으므로, 여전히 국회 의원들을 비판하고 있군.

05 다음 글의 ㉠과 ㉡을 보고 잘못 판단한 사람은?

> 서양에서 전해지는 속담 중 하나인 "반짝인다고 모두 금은 아니다."는 수 세기 동안 중요한 가치를 전해 왔다. 대문호 윌리엄 셰익스피어 또한 〈베니스의 상인〉에서 거의 동일한 문구를 사용했다. "㉠ <u>반짝인다고 해서 모두 금은 아니다</u>. 그대는 이 말을 자주 들었으리라. 많은 이들이 나의 외양만을 보고 자신의 생명을 팔았지. 금칠한 무덤엔 구더기만 우글거리니."
>
> 오랜 기간 지혜를 전해 온 이 속담은 몇 가지 통찰력을 더해 현대 문학에서 등장하기도 한다. 언어학자이자 소설가 J. R. R. 톨킨의 작품 〈반지의 제왕〉에는 "㉡ <u>금이라고 해서 모두 반짝이는 것은 아니다</u>. 방황하는 자들이 모두 길을 잃은 것은 아니다. 강한 것은 시들지 않는다. 깊이 내린 뿌리에는 서리가 닿지 않는다."라는 문구가 등장한다.

① 훈: ㉠이 참이라면, '반짝이는 것은 모두 금이다.'라는 진술은 거짓이겠군.
② 민: ㉠이 참이라면, '어떤 금은 반짝이지 않는다.'라는 진술의 ㉡도 참이겠군.
③ 정: ㉡이 참이라면, '모든 금은 반짝인다.'라는 진술은 거짓이겠군.
④ 음: ㉡이 거짓이라면, '어떤 금은 반짝인다.'라는 진술은 참이겠군.

삼단 논법 — 타당한 결론의 도출

06 가와 나를 전제로 결론을 이끌어 낼 때, 빈칸에 들어갈 말로 가장 적절한 것은?

인혁처 2차 예시 문제

> 가 축구를 잘하는 사람은 모두 머리가 좋다.
> 나 축구를 잘하는 어떤 사람은 키가 작다.
> 따라서 _____.

① 키가 작은 어떤 사람은 머리가 좋다
② 키가 작은 사람은 모두 머리가 좋다
③ 머리가 좋은 사람은 모두 축구를 잘한다
④ 머리가 좋은 어떤 사람은 키가 작지 않다

07 가와 나를 전제로 할 때, 빈칸에 들어갈 결론으로 가장 적절한 것은?

> 가 영업부의 직원은 모두 판촉 행사에 참석한다.
> 나 기혼인 어떤 직원은 판촉 행사에 참석하지 않는다.
> 따라서 ⬜⬜⬜⬜⬜⬜⬜⬜⬜⬜⬜⬜⬜⬜⬜⬜.

① 영업부의 직원은 모두 기혼이다.
② 영업부가 아닌 어떤 직원은 기혼이다.
③ 영업부의 어떤 직원은 기혼이 아니다.
④ 기혼인 직원은 모두 영업부의 직원이 아니다.

선재 쌤's Talk

08 다음 중 전제가 참일 때, 결론이 타당하게 도출되는 논증을 모두 고르면?

> ㉠ A 베이커리의 모든 빵은 천연 재료로 만들어졌고, 모든 화학 첨가물은 천연 재료가 아니다. 따라서 A 베이커리의 어떠한 빵도 화학 첨가물이 사용되지 않았다.
>
> ㉡ 전산 장치에 오류가 있는 시스템은 모두 운영 체제에 오류가 있다. 그리고 정상적으로 작동하는 시스템 중 운영 체제에 오류가 없는 것이 있다. 따라서 정상적으로 작동하는 시스템 중 전산 장치에 오류가 없는 것이 있다.
>
> ㉢ 사랑을 원하는 사람은 모두 정열적이다. 그러므로 지혜로운 사람 중 일부는 정열적이지 않다. 왜냐하면 지혜로운 사람 중 일부는 사랑을 원하지 않기 때문이다.

① ㉠, ㉡
② ㉠, ㉢
③ ㉡, ㉢
④ ㉠, ㉡, ㉢

09 다음 글의 내용이 참일 때, 빈칸에 들어갈 결론으로 가장 적절한 것은?

> ☐는 것이 결론이다.
> 노인 복지의 중요성을 주장하는 어떤 사람도 출산 장려 정책에 반대하는 사람이 아니기 때문이다. 또한 노인 복지의 중요성을 주장하지 않는 어떤 사람도 간병비 지원 정책에 찬성하는 사람이 아니기 때문이다.

① 간병비 지원 정책에 찬성하는 사람은 모두 출산 장려 정책에 반대한다
② 출산 장려 정책에 반대하는 모든 사람은 간병비 지원 정책에 찬성하지 않는다
③ 노인 복지의 중요성을 주장하는 사람은 모두 간병비 지원 정책에 찬성한다
④ 출산 장려 정책에 반대하지 않는 어떤 사람은 노인 복지의 중요성을 주장하지 않는다

10 다음 삼단 논법 중 타당한 것은?

① 어떤 야구 선수는 골프에 관심이 많고, 어떤 야구선수는 취미로 복싱을 한다. 따라서 골프에 관심이 많은 사람 중에서 취미로 복싱을 하는 사람이 있다.
② 된장찌개를 자주 먹는 사람은 모두 한식을 좋아한다. 그런데 양식을 즐겨 먹는 사람은 모두 된장찌개를 자주 먹지 않는다. 그러므로 양식을 즐겨 먹는 사람은 모두 한식을 좋아하는 사람이 아니다.
③ 당뇨병을 앓고 있는 어떤 사람은 디저트를 즐기지 않는다. 당뇨병을 앓고 있는 사람은 모두 혈당 수치가 높다. 혈당 수치가 높은 어떤 사람은 디저트를 즐기지 않는다.
④ 수학을 잘하는 어떤 사람은 생물학을 연구한다. 외계인의 존재를 믿는 모든 사람은 수학을 잘하는 사람이 아니다. 따라서 외계인의 존재를 믿는 어떤 사람은 생물학을 연구한다.

선재 쌤's Talk

11 다음 중 전제가 모두 참일 때, 결론이 반드시 참인 논증을 고르면?

① 공직자들은 모두 자신감이 있고 예의가 바르다. 자신감이 있지만 공직자가 아닌 사람이 있다. 따라서 자신감이 있지만 예의가 바르지 않은 사람이 있다.
② 갑과 을이 경기에 나간다면 두 사람은 서로 싸워야 한다. 갑과 을은 서로 싸우기를 원하지 않는다. 따라서 둘은 모두 경기에 나가지 않을 것이다.
③ 어학 성적이 좋은 지원자는 모두 신입 사원으로 선발된다. 직무 자격증이 없는 지원자는 모두 신입 사원으로 선발되지 않는다. 따라서 어학 성적이 좋은 지원자는 모두 직무 자격증도 있다.
④ 사회에 기여하고 싶은 사람은 모두 공직을 지망한다. 사회에 기여하고 싶은 사람은 모두 봉사 정신도 강하다. 따라서 봉사 정신이 강한 사람은 모두 공직을 지망한다.

PART 3

술어 논리

선재국어 수비니겨 논리

이제 우리는 보다 정교한 체계를 갖춘 술어 논리를 학습할 것입니다.

술어 논리는 명제의 배열과 단어의 배열 모두를 고려하여
타당한 결론을 도출하는 논리 체계입니다.
이를 익히면 복잡한 구조의 논증까지도 타당성을 증명할 수 있습니다.

논리학의 기본 개념과 도구를 깊이 있게 이해한 후,
우리는 **복합적인 논증**과 **논리 퀴즈** 등을
빠르게 풀 수 있도록 훈련할 것입니다.

POINT 11 술어 논리

> **개념 POINT!**
> 1. 술어 논리란 명제의 배열과 단어의 배열 모두를 고려하여 문장 내부의 구조를 다룰 수 있는, 보다 정교한 논리학 체계이다.
> 2. 논증 A는 술어 논리에서 타당하다 = 논의 세계 M에 대하여, 전제들이 M에서 모두 참인 경우에 결론도 반드시 M에서 참이다.
> 3. 명제 논리에서 쓰인 추론 규칙은 술어 논리에서도 쓸 수 있다.

명제 논리 체계에서는 명제의 배열에 따라 논증의 타당성이 결정되고, 정언 논리 체계에서는 단어의 배열 관계에 따라 논증의 타당성이 결정된다.

명제 논리 체계	정언 논리 체계

만약 비가 온다면, 땅이 젖을 것이다.
    A   →   B
비가 온다.
A
따라서 땅이 젖을 것이다.
        B
: 조건문에서 전건이 참이면 후건은 무조건 참. 따라서 이 논증은 타당함.
	어떤 공무원은 경찰이다.
	   대개념 매개념
	모든 경찰은 애국자이다.
	   매개념 소개념
	따라서 어떤 애국자는 공무원이다.
	      소개념 대개념

이와는 달리 어떤 논증에서는 정언 논리와 명제 논리의 명제들이 뒤섞인 경우들도 있다. 또한 삼단 논법과 벤 다이어그램은 넷 이상의 명사적 표현들이 나오는 경우나 일상적 언어들의 구조를 분석하기에는 사용하기가 적절하지 않다.

술어 논리[predicate logic]는 이를 위해 고안된 논리 체계로, 논증의 분석 단위를 명제 자체의 구조에까지 확장하여 명제의 배열과 단어의 배열 모두를 고려해서 더욱 심층적인 분석을 할 수 있게 한다. 이 새로운 논리는 술어들을 고려하기 때문에 문장 논리와 대비하여 술어 논리라고 불린다. 수험에서는 프레게와 러셀 등에 의해서 개발된 양화 논리[quantification logic]를 학습한다.

> **TIP** 명제 논리 VS 정언 논리 VS 술어 논리
> 1. 명제 논리: 명제의 배열에 의해 논증의 타당성이 결정됨.
> 2. 정언 논리: 단어의 배열에 의해 논증의 타당성이 결정됨.
> 3. 술어 논리: 단어와 명제 모두의 배열에 의해 논증의 타당성이 결정됨.

1. 양화 논리 — 개별 사례와 일반화에 담긴 논리

양화 논리에서는 일반 명제가 뜻하는 바가 분석된 논리적 구조 속에서 그대로 드러날 수 있게 하기 위해 양화의 방법을 도입한다. 다음 내용을 살펴보자.

* 논의 영역[우리 반 학생들] = 수험생 총 100명

* 논의 영역[the universe of discourse]: x가 취할 수 있는 모든 가능한 대상들의 집합

x는 수험생이다. (수험생 x)
　　술어
　　⋮
철수는 수험생이다. (수험생 철수)

예를 들어 [우리 반 학생들 = 수험생]을 논의 세계로 잡아 보도록 하자. '철수는 수험생이다.'는 논의 세계에 있는 특정 대상인 '철수'에 대한 주장이다. 이 문장에서 철수를 지워 보면, '＿＿는 수험생이다.'가 되는데, 이렇게 주어를 제거하고 남은 부분을 양화 논리에서는 술어[predicate]라고 한다. 이 생략된 주어 자리에 x를 넣어 보면, 'x는 수험생이다(수험생 x).'라는 문장을 얻게 된다.

이처럼 술어는 문장에서 이름을 제거한 나머지 부분으로, 술어 논리는 이 술어를 일종의 문장 함수로 간주하는 것이다. 이 x의 자리에는 '철수, 영희, 민선……' 등이 들어갈 수 있고, 이 문장들은 모두 주어가 '수험생'이라는 술어의 성격을 갖는 명제가 된다.

그렇다면 이번에는 이 논의 영역 내에 얼마나 많은 대상들이 '수험생 x'를 만족하는지 알아보도록 하자. 즉 논의 영역 내의 모든 대상들이 '수험생 x'를 만족하는지, 또는 이를 만족하는 적어도 하나의 대상이 존재하는지 알아보는 것이다.

이를 위해 양화 논리에서는 양화의 방법을 도입하는데, 개별 사례를 일반화하는 방법은 보편 일반화와 존재 일반화의 두 가지가 있다.

(1) 보편 일반화[universal generalization]

> 'S는 모두 P이다.'라는 문장은 '만약 S라면 그것이 무엇이든 모두 P이다.'라는 것을 의미한다.
> 따라서 이것은 '(∀) Sx → Px'로 기호화할 수 있다.

보편 일반화란 '철수, 영희, 민선……' 등의 개별 사례가 모두 수험생임을 주장하는 일반화로, 이를 통해 얻어 낸 문장을 보편 명제라고 한다. 즉 'x는 수험생이다.'의 x 자리에는 무엇이 들어가도 모두 '수험생'이라는 술어의 성격을 갖게 된다.

따라서 'S는 모두 P이다.'라는 문장은 '만약 S라면, 그것이 무엇이든 모두 P이다.'라는 의미이므로, 이것은 '(∀) Sx → Px'로 기호화할 수 있다.

(2) 존재 일반화[existential generalization]

> 'S이면서 P인 것이 있다.'라는 주장은 x의 자리에 어떤 한 사람을 넣었을 때, 적어도 하나는 성립한다는 것을 의미한다.
> 따라서 이것은 '(∃) Sx ∧ Px'로 나타낼 수 있다.

존재 일반화란 '철수, 영희, 민선……' 등의 개별 사례 중 적어도 하나는 수험생임을 주장하는 일반화로, 이를 통해 얻어 낸 문장을 존재 명제라고 한다.

예를 들어 '철수는 수험생이고, 철수는 성실하다.'라는 문장을 생각해 보자. 이 문장을 기호화하면 '수험생 x ∧ 성실 x'로 나타낼 수 있다. 이 명제는 'x에 들어갈 수 있는 것이 적어도 하나는 성립한다.'라는 것을 의미한다.

따라서 'S이면서 P인 것이 있다.'라는 주장은 '(∃) Sx ∧ Px'로 나타낼 수 있다.

문장	일반화	예문	수험적 기호화
S는 모두 P이다.	보편 일반화	모든 수험생은 성실하다.	수험생 → 성실
· 어떤 S는 P이다. · S이면서 P인 것이 있다.	존재 일반화	· 어떤 수험생은 성실하다. · 수험생이면서 성실한 사람이 있다.	수험생a ∧ 성실a

① 다양한 형태의 보편 일반화(보편 주장)를 기호화하기

문장	기호화	수험적 기호화
S는 모두 P이다.	(∀) Sx → Px	국어를 좋아하는 사람은 모두 영어를 좋아한다. 예) 국어 → 영어
S는 모두 P가 아니다.	(∀) Sx → ~Px	국어를 좋아하는 사람은 모두 영어를 좋아하지 않는다. 예) 국어 → ~영어
S가 아닌 것은 모두 P가 아니다.	(∀) ~Sx → ~Px	국어를 좋아하지 않는 사람은 모두 영어를 좋아하지 않는다. 예) ~국어 → ~영어
S이면서 P인 것은 모두 R이다.	(∀) (Sx ∧ Px) → Rx	국어를 좋아하면서 영어를 좋아하는 사람은 모두 국사를 잘한다. 예) (국어 ∧ 영어) → 국사
S이거나 P인 것은 모두 R이다.	(∀) (Sx ∨ Px) → Rx	국어를 좋아하거나 영어를 좋아하는 사람은 모두 국사를 잘한다. 예) (국어 ∨ 영어) → 국사

② 다양한 형태의 존재 일반화(존재 주장)를 기호화하기

문장	기호화	수험적 기호화
• 어떤 S는 P이다. • S이면서 P인 것이 있다.	(∃) Sx ∧ Px	철수는 국어를 좋아하고 영어도 좋아한다. 예) 국어a ∧ 영어a
S이면서 P가 아닌 것이 있다.	(∃) Sx ∧ ~Px	국어를 좋아하면서 영어는 좋아하지 않는 사람이 있다. 예) 국어a ∧ ~영어a

다음의 문장은 모두 '(∃) Sx ∧ Px'로 기호화할 수 있다.

- 어떤 S는 P이다.
- S이면서 P인 것이 있다.
- S 가운데 일부는 P이다.
- (논의 세계에서) S이면서 P인 것이 적어도 하나는 있다.

2. 양화 논리의 추론 규칙

* 명제 논리의 추론 규칙을 양화 논리에서 사용하기 위해서는 양화사 제거 규칙과 도입 규칙을 사용해야 한다. 그러나 수험에서는 이 과정을 생략하는 것이 효율적이므로, 본 책에서는 설명을 생략하였다.

(1) 양화 논리는 명제 논리의 확장이다. 따라서 명제 논리에서 학습한 추론 규칙과 파생 규칙을 그대로 사용할 수 있다.

(2) 보편 명제의 부정은 존재 명제와 동치이고, 존재 명제의 부정은 보편 명제와 동치이다.

- (∀) Sx → Px ≡ ~(∃) (Sx ∧ ~Px)   [간략화] S → P ≡ ~(S ∧ ~P)
  예) 국어를 좋아하는 수험생들은 모두 영어를 좋아한다.
  ≡ 국어를 좋아하면서 영어를 좋아하지 않는 수험생들은 존재하지 않는다.

- (∀) Sx → ~Px ≡ ~(∃) (Sx ∧ Px)   [간략화] S → ~P ≡ ~(S ∧ P)
  예) 국어를 좋아하는 수험생들은 모두 영어를 좋아하지 않는다.
  ≡ 국어를 좋아하면서 영어를 좋아하는 수험생들은 존재하지 않는다.

(3) 존재 양화사 제거 규칙과 보편 양화사 도입 규칙을 사용할 때, 전제에 존재 명제와 보편 명제가 함께 있을 경우에는 존재 명제를 우선적으로 활용한다.

(4) 전제에 여러 개의 존재 명제가 나온다면, 각각의 존재 명제를 활용하기 위한 임의의 이름을 각기 다르게 잡아야 한다.

연습하기

01~10 다음 삼단 논법의 타당성을 평가하시오.

01 모든 과일은 썩는다. 모든 사과는 과일이다. 그러므로 모든 사과는 썩는다.   타당 | 부당

02 모든 고양이는 포유류이다. 어떤 동물은 고양이이다. 따라서 어떤 동물은 포유류이다.   타당 | 부당

03 미래를 약속한 어떤 사이는 영원한 사이이다. 모든 연인은 미래를 약속한 사이이다. 그러므로 영원한 어떤 사이는 연인 사이이다.   타당 | 부당

04 편리하지 않은 도구는 모두 의미 없는 도구이고, 쓸모없는 도구는 모두 의미 없는 도구이다. 따라서 쓸모 있는 도구는 모두 편리한 도구이다.   타당 | 부당

05 멸종 위기종이 사는 어떤 장소는 동물 보호 구역이다. 모든 동물 보호 구역은 출입이 제한된다. 그러므로 출입이 제한되는 어떤 구역은 멸종 위기종이 사는 장소이다.   타당 | 부당

06 어떤 계약은 법적 구속력이 없다. 지켜야 할 의무가 있는 것은 모두 법적 구속력이 있다. 그렇다면 지켜야 할 의무가 없는 계약이 있다.　　　　　　　　　　　　　　　　　　　　　　　　　　　　　　　　　　　　　　타당 | 부당

07 아침에 일찍 일어나는 모든 학생은 지각하지 않는다. 늦게 자는 모든 학생은 아침에 일찍 일어나지 않는다. 따라서 늦게 자는 모든 학생은 지각한다.　　　　　　　　　　　　　　　　　　　　　　　　　　　　　　　　타당 | 부당

08 실업 급여의 수혜자는 모두 고용 보험에 가입한다. 어떤 근로자는 고용 보험 가입자가 아니다. 그러므로 어떤 근로자는 실업 급여의 수혜자가 아니다.　　　　　　　　　　　　　　　　　　　　　　　　　　　　　타당 | 부당

09 식구가 적은 어떤 집은 집안 행사가 많지 않다. A동의 어떤 집은 식구가 적은 집이다. 따라서 A동의 어떤 집은 집안 행사가 많지 않다.　　　　　　　　　　　　　　　　　　　　　　　　　　　　　　　　　　타당 | 부당

10 모든 정책 입안자는 사회 제도에 대해 구체적으로 분석하는 자들이다. 사회 제도에 대해 구체적으로 분석하는 어떤 자들은 과학자가 아니다. 그래서 어떤 과학자는 정책 입안자가 아니다.　　　　　　　　　　　　타당 | 부당

POINT 12 논리의 오류

	Yes	No
개념 이해	☐	☐
문제 이해	☐	☐

> **개념 POINT!**
> 1. 논리의 오류란 논증의 과정에서 잘못된 결론을 도출하는 것으로, 형식적 오류와 비형식적 오류가 있다.
> 2. 오류의 유형을 정확히 이해하고, 적절한 예문을 찾을 수 있도록 한다.

1. 오류의 개념

논리의 오류란 논증의 과정에서 잘못된 결론을 도출하는 것을 말한다. 오류는 크게 형식적 오류[formal fallacy]와 비형식적 오류[informal fallacy]로 나뉜다. 오류를 제대로 파악한다면, 다른 사람의 논증을 더 잘 평가할 수 있고 자신의 논증을 구성할 때 잘못을 저지르지 않을 수 있다.

2. 오류의 유형

(1) 형식적 오류

논증의 형식에 잘못이 있는 것으로, 연역 논증에만 적용된다.

전건 부정의 오류	전건을 부정하여 후건 부정의 결론을 도출하는 오류 예 ┌ 연기가 나는 곳에는 불이 있다. 　 └ 그 지하실에서는 연기가 나지 않는다. ― 전건 부정 　　→ 그러므로 그 지하실에는 불이 없다. ― 후건 부정의 결론 도출 → 오류
후건 긍정의 오류	후건을 긍정하여 전건 긍정의 결론을 도출하는 오류 예 ┌ 비가 오면 땅이 젖는다. 　 └ 땅이 젖었다. ― 후건 긍정 　　→ 그러므로 비가 왔다. ― 전건 긍정의 결론 도출 → 오류
선언지 긍정의 오류	선언적으로 제시한, 배타성 없는 전제의 어느 한 부분이 다른 부분과 배타적인 것이라고 생각하는 데서 생기는 오류. 주로 포괄적 의미의 '또는'과 배타적 의미의 '또는'을 혼동해서 생긴다. 예 ┌ 그녀는 미인이든지 현명한 여인이다. 　 └ 그녀는 미인이다. 　　→ 그러므로 그녀는 현명한 여인이 아니다. 　　→ 이 논리의 '든지'는 배타적인 의미가 아니라 포괄적인 의미이다. 그녀는 미인이면서 현명한 여인일 수 있으므로 잘못된 결론이다.

(2) 비형식적 오류

논증의 형식은 준수하였지만, 잘못된 내용 등으로 인해 논증의 과정에서 오류가 생긴 경우이다.

① 언어적 오류

모호한 문장의 오류	애매하고 모호한 문법 구조 때문에 뜻이 모호해짐으로써 발생하는 오류 예) 아내는 나보다 드라마 보는 것을 더 좋아한다.
애매어 사용의 오류	의미가 두 가지 이상인 단어를 한 문장 안에서 동시에 사용함으로써 발생하는 오류 예) 모든 죄인은 교도소에 가야 한다. 모든 사람은 죄인이다. 그러니 모든 사람은 감옥에 가야 한다. → '원죄를 지닌 인간'이라는 뜻과 '범죄자'의 의미를 같이 사용하고 있다.
은밀한 재정의의 오류	단어의 사전적인 의미에 자의적인 뜻을 마음대로 덧붙여 재정의함으로써 생기는 오류 예) 미친 사람은 정신 병원에 수용되어야 해. 요즘 세상에 뇌물을 받지 않다니, 그 사람은 미쳤음이 틀림없어. 그 사람은 정신 병원에 보내 버려야 해. → '미치다'의 의미를 '정신에 이상이 생기다'라는 사전적 의미로 사용하지 않고, 자의적으로 재정의하여 사용하고 있다.
강조의 오류	문장의 한 부분을 부당하게 강조함으로써 생기는 오류 예) 성경에서 '네 이웃을 사랑하라'라고 했지? 그런데 너와 나는 이웃이 아니니까 나는 너를 사랑하지 않아도 되겠네.
범주의 오류	단어의 범주를 잘못 인식한 데서 생기는 오류 예) 아버지, 저는 과학자가 되기보다는 물리학자가 되고 싶습니다. → 물리학자는 과학자에 포함되는데, 이의 범주를 혼동하고 있다.

② 자료적 오류

성급한 일반화의 오류	불충분한 통계 자료, 제한된 정보, 대표성을 결여한 자료 등을 부당하게 이용하여 특수한 사례를 일반화한 오류 예) 하나를 보면 열을 안다고 했어. 이번에 한 네 실수를 보니, 넌 정말 신용할 수 없구나.
우연의 오류	일반적인 규칙이 특수한 경우에 그대로 적용될 수 없음에도 적용함으로써 빚어지는 오류. 일반과 특수의 관계를 잘못 파악하는 데서 빚어지는 오류로서 예외를 인정하지 않아서 발생한다. 예) 거짓말을 하는 것은 죄악이다. 그러니 의사가 환자의 정신적 안정을 위해 환자에게 거짓말을 하는 것도 당연히 죄악이다.
잘못된 인과 관계의 오류 (거짓 원인의 오류)	두 사건 사이에 실제로 인과 관계가 없음에도 인과 관계로 잘못 판단하는 오류. 이 오류는 크게 두 가지로 나눌 수 있는데, 첫 번째는 시간상으로 먼저 발생한 사건을 뒤따르는 사건의 원인으로 간주하는 것이다. 두 번째는 어떤 결과를 실제로 일으킨 원인이 아닌 다른 것을 원인으로 잘못 추측하는 것이다. 예) 난 이번 시험을 잘 보기 위해 손톱을 깎지 않았어. 왜냐하면 손톱을 깎으면 시험 성적이 안 좋거든.

공통 원인의 오류	발생한 두 사건의 공통 원인을 파악하지 못하고, 어느 한 사건을 다른 사건의 원인이라고 생각하는 오류 ⑩ 간이 나빠 눈에 황달이 생기고 얼굴이 까맣게 되었다. 얼굴이 까만 것은 눈에 황달이 왔기 때문이다. → '간이 나쁘다'라는 원인의 결과가 황달이 생기고 얼굴이 까맣게 된 것이지만, 이의 공통 원인을 파악하지 못하고 있다.
논점 일탈의 오류	논점과 관계없는 문제들을 거론하여 논쟁을 회피하거나 본래 논의되던 논지와 무관한 결론을 이끌어 내는 오류 ⑩ 너희들은 텔레비전 채널을 가지고 하루 종일 싸우는구나. 그만 들어가서 공부나 해.
합성의 오류 (결합의 오류)	각각의 원소들이 개별적으로 어떤 성질을 지니고 있다는 내용의 전제로부터, 그 원소들을 결합한 집합 전체도 역시 그 성질을 지니고 있다는 결론을 도출하는 오류 ⑩ 우리 구단의 선수는 모두 뛰어나다. 그러므로 우리 구단은 훌륭한 구단이다.
분할의 오류 (분해의 오류)	집합이 어떤 성질을 지니고 있다는 내용의 전제로부터 그 집합의 각각의 원소들 역시 개별적으로 그 성질을 지니고 있다는 결론을 도출하는 오류 ⑩ 미국은 경제적 부국이다. 그러므로 미국 사람들은 모두 부자이다.
의도 확대의 오류	의도하지 않은 행위의 결과에 대해 의도가 작용했다고 판단하는 오류 ⑩ 담배를 피우면 폐암에 걸려 죽을 확률이 높아진다는 것도 모르니? 아니, 정말 그렇게도 죽고 싶어?
흑백 사고의 오류	논의되는 집합의 원소가 두 개밖에 없다고 판단하는 오류. 논의되는 대상은 세 가지 이상으로 나뉠 수 있는데 두 개밖에 인정하지 않아서 발생한다. ⑩ 네가 나를 좋아하지 않는다고? 그럼 나를 싫어한다는 거야? **보충** 흑백 사고의 오류는 반대 관계를 모순 관계로 여기는 데서 발생하는 오류로 볼 수 있다. 즉 반대 관계에 있는 두 주장들은 동시에 참일 수는 없지만 동시에 거짓일 수는 있다. 예를 들어, '철수는 부자이다.'와 '철수는 가난하다.'는 반대 관계에 있다. 따라서 철수가 부자이면서 가난할 수는 없지만, 철수가 부자이지도 않고 가난하지도 않을 수는 있다. 반면 모순 관계에 있는 두 주장들은 동시에 참일 수도 없고, 동시에 거짓일 수도 없다. 가령 '오늘 영희는 결혼을 할 것이다.'와 '오늘 영희는 결혼을 하지 않을 것이다.'는 모순 관계에 있다. 따라서 앞의 주장이 참이면 뒤의 주장은 거짓이고, 앞의 주장이 거짓이면 뒤의 주장은 참이다.
무지에 호소하는 오류	증명할 수 없거나 알 수 없는 사실을 근거로 들어 자신의 주장을 정당화하는 오류. 반증(反證)을 제시하지 못했다고 하여 그 논제가 참이라고 단정하는 것이다. ⑩ 외계의 생명체는 존재하지 않는다. 왜냐하면 과학이 발달한 현대 사회에서 아직까지 외계의 생명체가 존재한다는 확실한 신호가 잡히지 않았기 때문이다.
잘못된 유비 추리 (기계적 유비 추리의 오류)	유비 추리(유추)를 적용할 때 서로 다른 사물의 우연하고 비본질적인 속성을 비교하여 결론을 이끌어 내는 오류. 본질적인 유사성을 결여한 일부분의 유사성을 바탕으로 나머지의 유사성을 추론하는 것이다. ⑩ 철수는 얼굴이 희고 안경도 꼈었는데 공부를 잘한다. 영희도 얼굴이 희고 안경을 끼었다. 그러므로 영희도 공부를 잘할 것이다.

복합 질문의 오류	둘 이상의 질문이 하나의 답을 요구할 때 발생하는 오류. 서로 상반된 두 개 이상의 전제가 있어 긍정도 부정도 할 수 없게 된다. 예 A: 너 어제 도둑질했지? / B: 아뇨. 전 어제 도둑질하지 않았어요. A: 그래? 그럼 그 이전에 도둑질한 것을 자백해. / B: ……? → 도둑질을 했다는 사건에 대한 질문과 어제 도둑질을 했다는 시간에 대한 질문이 복합적으로 포함되어 있다. 따라서 한 가지 질문에만 답변하면 결국 나머지 질문에 대해 긍정하게 되는 애매한 대답이 되어 버린다.
순환 논증의 오류 (선결 문제 요구의 오류)	증명하고자 하는 결론이 참인 근거는 전제에 의존하고, 그 전제가 참인 근거는 결론에 의존하여 순환적으로 논증하게 되는 오류. 같은 내용을 말만 바꾸어 되풀이하는 것이다. 예 규칙적인 생활을 하고 운동을 열심히 하는 사람은 건강합니다. 왜냐하면 건강한 사람은 규칙적인 생활을 하고 운동을 열심히 하기 때문입니다.
발생학적 오류	어떤 대상의 기원이 갖는 속성을 그 대상 역시 갖고 있다고 추측하는 오류 예 그가 발표한 새로운 이론은 믿을 수가 없다. 그는 후진국에서 온 학자이기 때문에 그런 사람을 신뢰할 수는 없다. → 그가 발표한 이론에 대해 비판하는 것이 아니라, 그 학자의 출신과 정황을 들어 비판한 것이므로, '발생학적 오류'와 '정황에 호소하는 오류'를 동시에 범하고 있다.
미끄러운 경사면의 오류	만일 어떤 것이 행해진다면 그 결과로 어떤 다른 것이 연쇄적으로 발생할 것이고 최종적으로는 명백하게 바람직하지 않은 상황이 발생하기 때문에 어떤 것을 받아들여서는 안 된다고 주장하는 오류 예 복장 자율화를 해 달라는 고등학생들의 요구를 거절해야 합니다. 복장 자율화를 허용하면 학생들은 외모에만 신경을 쓰고 공부에는 손을 놓게 되어 결국 대학 진학을 할 수 없게 되기 때문입니다.
수레를 말 앞에 놓는 오류 (본말전도의 오류)	먼저 해야 할 일이 있고 나중에 해야 할 일이 있는데, 그 일의 순서를 혼동함으로써 발생하는 오류. 마치 수레를 말 앞에 놓고 마차를 몰려 하는 것과 같은데, 우리말의 '신발에 발 맞추기', '침대에 키 맞추기' 등과 비슷하다. 예 우리 몸은 병에 걸림으로써 면역 체계가 생긴다. 따라서 다양한 병에 많이 걸리는 것이 좋다.
주의를 딴 데로 돌리는 오류	주제를 미묘하게 바꿈으로써 상대방의 주의를 돌릴 때 발생하는 오류. '훈제 청어 오류[the red herring fallacy]'라고도 한다. 상대방의 주의를 성공적으로 딴 데로 돌리기 위해서 흥미로운 화젯거리나 원래 주제와 미묘하게 연결된 내용으로 주제를 변경하는 것이다. 예 환경론자들은 과다한 플라스틱 사용에 대해 경고한다. 무엇이든 과다한 것은 문제가 있다. 최근 개발된 비만 치료제의 폭발적 인기도 우려할 점이 있다. 임상 실험에서 안전성을 검증받았다고는 하지만 부작용이 발생할 가능성을 배제할 수는 없다. 따라서 우리는 비만 치료제의 사용에 신중을 기할 필요가 있다. 보충 '훈제 청어'라는 말은, 사냥개를 훈련할 때 주의를 일부러 산만하게 만들기 위해서 훈제 청어를 질질 끌고 가면서 냄새를 남겨 놓은 데서 유래한다. 최고의 사냥개만이 훈제 청어의 강한 냄새와 다른 냄새를 구별할 수 있는 것이다.

허수아비 공격의 오류	상대방의 본래 주장을 왜곡하여 약하게 만들고 그 약해진 주장을 공격할 때 발생하는 오류. 즉 허수아비를 세워서 쓰러뜨리고 진짜 사람이 쓰러졌다고 주장하는 격이다. 예 국회의원 박○○은, 정부가 저소득층에 대한 복지를 강화해야 한다고 주장한다. 박○○은 민주주의 국가에서 사회주의를 옹호하는 주장을 한 것이나 마찬가지이다. 그는 동유럽 국가들의 사회주의 실험이 실패하여 그 나라 경제가 위기에 처했었다는 사실을 모르는 것인가? 따라서 그의 주장은 절대 채택되어서는 안 된다. **보충** 허수아비 공격의 오류와 주의를 딴 데로 돌리는 오류는 유사하다. 그러나 허수아비 공격의 오류는 상대방의 논증을 왜곡하여 그 왜곡된 논증을 논박하는 것인 반면, 주의를 딴 데로 돌리는 오류는 상대방의 논증을 무시하고 미묘한 방식으로 주의를 돌리는 것이다.

③ 심리적 오류

공포(위력)에 호소하는 오류	공포나 위력 등의 감정을 이용하여 자신의 논지를 받아들이게 하는 오류 예 이 권고를 받아들이지 않을 경우, 이후 발생하는 모든 책임은 귀하에게 있다는 것을 통지하는 바입니다.
연민(동정)에 호소하는 오류	연민이나 동정 등의 감정을 이용하여 자신의 논지를 받아들이게 하는 오류 예 사장님, 저를 해고하시면 안 돼요. 저에게는 아직 학교를 마치지 못한 어린 자식들과 부양해야 할 노모가 있습니다.
정황에 호소하는 오류	어떤 사람의 직업, 직책, 과거의 행적 등과 같은 개인적 주변 정황을 이유로 그 주장이나 행위를 비판하는 오류 예 정부 정책에 대한 박 의원의 비판은 들어 보나 마나이다. 그는 야당 의원이 아닌가?
대중(다수)에 호소하는 오류	논지를 따르는 대중의 규모에 비추어 참을 주장하거나, 대중의 편견 등을 자극하여 자신의 주장을 받아들이게 하는 오류. 주로 군중 심리를 자극한다. 예 이 영화는 정말 훌륭해. 관객이 천만 명을 넘었으니까 말이야.
부적합한 권위에 호소하는 오류	논지와 관계없는 분야에 있는 전문가의 의견을 빌려 와 논지가 참임을 주장하는 오류 예 여기는 유명한 개그맨이 맛있다고 한 식당이니까 당연히 정말 맛있을 거야.
인신공격의 오류	어떤 사람의 인품, 성격, 직업, 과거의 행적 등을 빌미로 그 사람을 공격하는 오류 예 그 사람은 과거에 범죄를 저지른 적이 있으므로 그가 하는 말은 모두 믿을 수 없다.
피장파장의 오류 (역공격의 오류)	비판받는 내용이 비판하는 사람에게도 해당된다는 것을 근거로 하여 비판을 모면하고자 하는 오류 예 아버지: 철수야, 왜 학용품을 아껴 쓰지 않고 낭비하니? 　철수: 아버지, 저만 나무라지 마시고 아버지도 좀 물건을 아껴 쓰세요. 아버지도 낭비가 심하잖아요.
원천 봉쇄의 오류 (우물에 독 뿌리기)	반론의 가능성을 원천적으로 봉쇄하여 반론의 제기 자체를 불가능하게 하는 오류 예 나의 주장은 정의에 입각한 것이다. 그러므로 내 주장에 반대하는 사람들은 불의의 편이다.

연습하기

01~15 다음에 제시된 오류의 명칭을 쓰시오.

01 하나를 보면 열을 안다고, 국어 성적이 좋은 걸 보니 혜림이는 공부를 잘하는 학생이구나.
➡

02 지금 서른 분 가운데 열 분이 손을 들어 반대하셨습니다. 손을 안 드신 분은 모두 제 의견에 찬성하는 것으로 알겠습니다.
➡

03 전기 저항을 조사한 결과 현재까지 전기 저항이 0인 물질은 없었다. 따라서 전기 저항이 0인 물질은 없다.
➡

04 국민의 67%가 사형 제도에 찬성했다. 그러므로 사형 제도는 정당하다.
➡

05 그가 나를 싫어하지 않는다면, 나를 데리러 올 것이다. 그는 나를 싫어한다. 따라서 그는 나를 데리러 오지 않을 것이다.
➡

06 여자가 남자보다 언어 표현력이 뛰어나다. 그러므로 영희가 철수보다 언어로 표현하는 능력이 더 좋다고 할 수 있다.
➡

07 그 사람은 과거에 범죄를 저지른 적이 있으므로 그가 하는 말은 모두 믿을 수 없다.
➡

08 아버지, 저는 선생님이 되기보다는 초등학교 교사가 되겠습니다.
➡

09 담배를 피우면 폐암에 걸려 죽을 확률이 높아진다는 것도 모르니? 아니, 정말 그렇게도 죽고 싶어?
➡

10 삼촌은 우리를 놀이공원에 데리고 간다고 약속했다. 삼촌이 이 약속을 지킨다면, 우리는 놀이공원에 갈 것이다. 우리는 놀이공원에 갔다. 따라서 삼촌이 이 약속을 지킨 것은 확실하다.
➡

11 새 시장이 선출된 이후 6개월 동안 버스가 전복되고, 교량이 붕괴되고, 그리고 시내 대형 건물에서 화재가 발생하는 사고가 있었다. 시민의 안전을 위해 시장을 물러나게 할 수밖에 없다.
➡

12 러시아에서 온 사업가 ○○○은 어제 한국 관료 조직의 부정부패에 대해 심하게 불평하였다. 그러나 이는 앞뒤가 맞지 않는다. 잘 알다시피 러시아는 한국보다 더 부정부패가 심한 나라이다.
➡

13 분열은 화합으로 극복할 수 있다. 그러므로 우리는 분열을 치유하기 위해 모두가 하나 되는 사회를 만들어야 한다.
➡

14 우리 사회, 특히 산업 현장에서는 대학이 유능한 전문 기능인을 길러 주기를 원한다. 다시 말해 전인 교육보다 기능 교육이 중시되기를 사회는 대학에 요청하고 있다. 그러나 대학이 기능 교육만을 담당할 수는 없다. 대학은 학문을 하는 곳이며, 학문이란 진리를 탐구하는 일이다. 대학이 진리 탐구를 포기하고 권력의 시녀가 되었을 때 상아탑의 이념은 없어지고 만다.
➡

15 과일이나 채소로부터 농약을 제거해야 할 필요성은 누누이 강조되어 왔다. 그러나 과일과 채소는 우리의 건강에 필수적이다. 당근은 비타민 A가 풍부하고, 콩은 단백질, 포도나 귤은 많은 양의 비타민 C를 갖고 있다.
➡

읽기자료 — 제논의 역설

모순과 흔히 혼동하여 사용되지만 그 의미가 다른 개념이 역설[paradox]이다. 역설은 일상적으로 다양하게 사용된다. 예를 들어, 단지 놀라운 어떤 것을 나타내기 위하여 사용되기도 하고, 두 개의 행위가 양립하지 않음을 지적하기 위하여 사용되기도 한다.

현대 논리학자 콰인(Quine. W. V.)에 의하면, 역설은 이전에는 사고 과정의 중심이라고 여겨졌던 어떤 숨겨진 전제나 선입견에서 이상함을 노출시켜 기본적 사고 패턴을 바꾸기도 한다. 가장 오래되고 우명한 역설이 제논(Zenon)의 역설로 알려진 그리스의 용장 아킬레우스와 거북이의 경주에 관한 이야기이다.

둘이 같은 지점에서 출발하면 결과가 너무나 명백하기 때문에 거북이가 100m 앞에서 출발한다. 아킬레우스가 번개같이 뛰어 거북이가 출발했던 100m 지점에 도달한다. 그러나 거북이는 그곳에 없다. 비록 느리지만 몇 걸음 앞에 나아가 있다. 다시 아킬레우스가 그 지점에 도착했을 때 거북이는 조금 더 나아가 있다. 아킬레우스는 계속해서 거북이를 뒤쫓지만 이런 상황이 반복되어 거북이를 영원히 따라잡을 수 없다. 여기에서 상호 모순되는 두 개의 진술 "아킬레우스는 거북이보다 빠르기 때문에 거북이를 따라잡을 수 있다."와 "아킬레우스는 위에 제시한 이유로 거북이를 영원히 따라잡을 수 없다."는 각각의 논증에 의해서 강력하게 뒷받침되고 있다.

이처럼 역설은 상호 모순되는 두 개의 결론이 각각 논리적으로 도출되는 상황을 가리키는 개념이다. 물론 이 역설은 반박될 수 있다. 아킬레우스가 거북이를 결코 따라잡을 수 없다고 말하는 것은 경주가 무한히 계속된다는 것을 함의한다. 그러나 현대 수학은 시간 간격의 합은 무한이 아니라 유한이라는 것을 보여 준다. 그러므로 아킬레우스는 유한한 시간 안에 거북이를 따라잡을 수 있다.

— 정해창, 《논리학》

POINT 13 귀납 논증

개념 POINT!
1. 귀납 논증에는 귀납적 일반화, 통계적 삼단 논법, 유비 논증, 인과 논증이 있다.
2. 인과 논증에는 일치법, 차이법, 일치 차이 병용법, 잉여법, 공변법 등이 있다.

1. 귀납 논증의 개념과 강도

귀납 논증[inductive argument]이란 개별적이고 특수한 관찰이나 사례를 통해 보다 일반화된 결론을 이끌어 내는 논증 방식이다. 귀납 논증은 전제가 참이라고 해도 결론이 필연적으로 참으로 도출되지 못하고 단지 개연적 가능성이 있는 논증이다. 즉 전제는 결론의 참을 필연적으로 도출하지 못하고, 개연적으로(또는 그럴듯하게) 지지해 준다.

> 예) 내가 오늘 본 구름은 하얗다. 내가 어제 본 구름도 하얗다. 내가 그저께 본 구름도 하얗다. 따라서 모든 구름은 하얗다.

연역 논증은 타당성과 부당성 둘 중 하나의 경우이므로 강도(정도)를 따지지 않는다. 이에 반해 귀납 논증은 전제와 결론의 관계에서 더 강하게 지지하는 경우와 그렇지 않은 경우, 즉 강도의 문제를 논할 수 있다.
귀납 논증 중에서 전제가 참일 때 결론이 참일 개연성이 높은 논증을 강한[relatively strong] 논증이라고 한다. 반대로 전제가 참이라고 하더라도 결론을 그럴듯하게 보장해 주지 못하는 논증을 약한[relatively weak] 논증이라고 한다. 그러므로 귀납 논증은 적절한 전제를 보충할 경우, 기존의 약한 논증이 더 강한 논증으로 보강될 수 있다.

2. 귀납 논증의 종류

귀납 논증에는 귀납적 일반화, 통계적 삼단 논법, 유비 논증, 인과 논증이 있다.

(1) 귀납적 일반화

귀납적 일반화는 가장 단순한 형태의 귀납 논증으로, 표본에 관한 앎으로부터 집단 전체에 대한 주장으로 진행하는 논증이다. 표본의 구성원들이 일정한 특성을 가지고 있기 때문에 집단 전체의 구성원들도 동일한 특성을 가지고 있다고 주장하는 것으로, 보통 "모든 X는 Y이다."라는 형식을 가진다.

① **보편적 일반화**: "모든 까마귀는 검다.", "물은 높은 곳에서 낮은 곳으로 흐른다."처럼 전체 구성원의 특징을 기술하는 일반화이다.

> 예) 상자에 가득 들어 있는 사과 몇 개를 꺼내어 먹어 본 다음, 이 상자에 들어 있는 사과는 모두 맛있다고 결론을 내렸다.

② **통계적 일반화**: 표본의 전체가 아닌 일부 구성원의 특징으로 전체 중에서 그 성질을 갖는 것이 어느 정도의 비율인가를 추론하는 방법이다. 여론 조사와 같은 것이 대표적인 통계적 일반화에 해당한다.

> 예) 선거 결과를 예측하기 위해 1,000명의 유권자 표본을 추출하자 500명은 A 후보를, 300명은 B 후보를 지지하고, 나머지 200명은 유보하는 것으로 나타났다. 이것을 일반화하여 전체 유권자의 50%가 A 후보를 지지할 것이고 결국 당선되리라고 예측했다.

> **TIP** 귀납적 일반화의 신뢰도를 높이기 위해서는
>
> 1. 전체를 포괄하는 충분한 분류여야 한다.
> 2. 분류는 중복되어서는 안 된다.
> 3. 다른 조건들이 같다면 표본이 클수록 귀납적 일반화의 신뢰도는 높아진다.
> 4. 표본은 무작위로 추출되어야 한다.

(2) 통계적 삼단 논법

통계적 삼단 논법은 전제가 둘인 논증으로, 전제에 통계 명제가 포함되어 있다. 통계적 일반화는 표본 집단을 서술하는 정보에서 전체 집단에 관한 결론을 도출하는 논증인 데 반해, 통계적 삼단 논법은 <u>전체 집단에 대한 정보에서 그 전체 집단의 한 원소나 부분 집합에 대한 결론을 도출한다</u>. 이 논증의 첫 번째 명제는 통계에 의한 일반화이지만 논증의 형식은 전건 긍정식과 유사하다.

> 예) 독감 예방주사를 맞지 않은 노약자 90%가 이번 겨울에 독감에 걸렸다.
> 우리 할머니는 독감 예방주사를 맞지 못했다.
> 그러므로 우리 할머니는 이번 겨울에 독감에 걸리셨을 것이다.

(3) 유비 논증

유비 논증은 두 개의 서로 다른 대상을 비교함으로써 결론을 이끌어 내는 방법이다. 하나의 대상이 몇 가지 점에서 다른 대상과 유사하기 때문에 다른 점에서도 유사할 것이라고 주장한다. 유사성이 높을수록 유비 논증은 강력해진다.

> 예) A는 a, b, c, d, e, f를 갖고 있다.
> B는 a, b, c, d, e를 갖고 있다.
> 그러므로 B는 아마 f도 갖고 있을 것이다.

(4) 인과 논증

인과 논증은 전제와 결론에서 인과적 관계를 주장하는 논증이다. 대표적인 유형으로는 영국의 철학자 밀(Mill. J. S.)이 제시한 일치법, 차이법, 일치 차이 병용법, 잉여법, 공변법을 들 수 있다.

① **일치법**: 조사 중인 사례들이 공통적인 요인을 가질 때 이 요인을 결과의 원인이라고 추정하는 방법이다.

선행 요소	결과
ABCD	E
DFGH	E

➡ 일치법에 따라, 결과 E의 원인은 D이다.

학생	증상	먹은 음식
A	복통 있음.	돼지 불고기, 김치, 파전, 생선조림
B	복통 있음.	돼지 불고기, 뭇국, 파전, 야채샐러드
C	복통 있음.	돼지 불고기, 감잣국, 생선조림, 김치
D	복통 있음.	돼지 불고기, 뭇국, 감자조림, 김치

➡ 복통이 있는 학생들이 모두 돼지 불고기를 먹었으므로 복통의 원인이 돼지 불고기라고 결론 내릴 수 있다.

② **차이법**: 특별한 요인이 주어졌을 때 특정한 결과가 발생하고, 그 요인이 주어지지 않았을 때 그 결과가 발생하지 않는다면, 그 요인을 원인이라고 추정하는 방법이다.

선행 요소	결과
ABCD	E
ABC	—

➡ 차이법에 따라, 결과 E의 원인은 D이다.

학생	증상	먹은 음식
A	복통 있음.	스파게티, 식빵, 생선, 스테이크
B	복통 없음.	스파게티, 식빵, 생선

➡ 스파게티, 식빵, 생선을 모두 먹은 두 학생 중 복통이 있는 학생과 달리 복통이 없는 학생은 스테이크를 먹지 않았으므로 스테이크가 복통의 원인이라고 결론 내릴 수 있다.

③ **일치 차이 병용법**: 일치법과 차이법이 합쳐진 것으로, 일치법에 따라 추정한 인과 관계를 차이법으로 확정하는 데 쓰인다.

선행 요소	결과
ACG	E
BCG	E
ABC	—

➡ 일치 차이 병용법에 따라, 결과 E의 원인은 G이다.

예

학생	증상	먹은 음식
A	복통 있음.	햄버거, 샐러드, 수프, 프렌치프라이
B	복통 있음.	샐러드, 수프, 프렌치프라이
C	복통 있음.	햄버거, 아이스크림, 수프, 프렌치프라이
D	복통 없음.	샐러드, 수프
E	복통 없음.	햄버거, 아이스크림, 수프

➡ 복통이 있는 학생들이 공통으로 먹은 음식은 수프와 프렌치프라이이고, 복통이 없는 학생들은 수프를 먹고, 프렌치프라이를 먹지 않았다. 따라서 프렌치프라이가 복통의 원인이다. 일치 차이 병용법은 일치법만 또는 차이법만을 사용하는 것보다 더 신뢰할 만하다고 할 수 있다.

④ **잉여법**: 이미 알려져 있는 선행 상황과 어떤 현상들 간의 인과 관계를 빼고 나서 남은 선행 상황과 다른 현상들 사이에 인과 관계가 있다고 추론하는 방법이다.

> AB는 ab의 선행 요소이다.
> A는 a의 원인으로 알려져 있다.
> ─────────────────
> 그러므로 B는 b의 원인이다.

예 피로연에 참석하고 돌아온 사람이 현미밥, 스테이크, 콜라, 당근 케이크를 먹고 두통, 복통, 두드러기 증상을 보였다. 이 가운데 현미밥은 그에게 복통을 일으킨 적이 있었고, 스테이크는 가끔 그에게 두드러기 증상을 야기한다. 콜라는 문제가 나타난 적이 없다. 결국 그는 당근 케이크가 두통의 원인이라고 추정했다.

⑤ **공변법**: 어떤 조건일 때 어떤 유형의 사건 발생의 빈도와 다른 조건일 때의 그와 동일한 유형의 사건 발생 빈도를 비교해서 두 현상 간의 인과 관계를 확인하는 방법이다.

> A, B, C가 일어나자   X, Y, Z가 발생했다.
> A, B 증가(↑), C가 일어나자   X, Y 증가(↑), Z가 발생했다.
> A, B 감소(↓), C가 일어나자   X, Y 감소(↓), Z가 발생했다.
> ─────────────────
> 그러므로 B는 Y의 원인이다.

예 혈압이 오름에 따라 뇌파의 강도도 증가하였고, 혈압이 내림에 따라 뇌파의 강도가 감소하였다. 심장 전문의는 혈압과 뇌파가 인과적으로 연결되어 있다고 결론지었다.

연습하기

01 다음은 복통 발생과 그 원인에 대한 기술이다. 복통의 원인이 식혜, 냉면, 생선회 중 하나라고 할 때, 아래의 진술 중 반드시 참인 것은?

2005 행정·외무고시 PSAT

> ㉠ 갑돌은 식혜와 냉면, 그리고 생선회를 먹었는데 복통을 앓았다.
> ㉡ 을순은 식혜와 생선회는 먹지 않고 냉면만 먹었는데 복통을 앓지 않았다.
> ㉢ 병돌은 식혜와 생선회는 먹었고 냉면은 먹지 않았는데 복통을 앓았다.
> ㉣ 정순은 식혜와 냉면은 먹었고 생선회는 먹지 않았는데 복통을 앓지 않았다.

① ㉡, ㉣의 경우만 고려한다면 냉면이 복통의 원인이다.
② ㉠, ㉡, ㉣의 경우만 고려한다면 냉면이 복통의 원인이다.
③ ㉠, ㉢, ㉣의 경우만 고려한다면 식혜가 복통의 원인이다.
④ ㉡, ㉢, ㉣의 경우만 고려한다면 생선회가 복통의 원인이다.
⑤ ㉠, ㉡, ㉢, ㉣ 모두를 고려한다면 식혜가 복통의 원인이다.

풀이 연습

해설 ㉠~㉣의 내용을 표로 정리하면 다음과 같다.

		결과	원인		
		증상	식혜	냉면	생선회
㉠	갑돌	복통 ○	○	○	○
㉡	을순	복통 ×	×	○	×
㉢	병돌	복통 ○	○	×	○
㉣	정순	복통 ×	○	○	×

일치 차이 병용법에 따라 복통을 앓은 '병돌'은 생선회를 먹었고, 복통을 앓지 않은 '을순'과 '정순'은 생선회를 먹지 않았다. 따라서 ㉡, ㉢, ㉣의 경우만 고려할 경우, 생선회가 복통의 원인이다.

오답 풀이 ① '을순'과 '정순'은 모두 복통을 앓지 않았고, 냉면을 먹었다. 따라서 냉면이 복통의 원인이라고 볼 수 없다.
② '갑돌'은 복통을 앓았고, '을순'과 '정순'은 복통을 앓지 않았다. 그리고 세 사람은 모두 냉면을 공통적으로 먹었다. 따라서 냉면을 복통의 원인으로 볼 수 없다.
③ '갑돌'과 '병돌'은 모두 복통을 앓았고 식혜를 먹었다. 하지만 '정순'도 식혜를 먹었으나 복통을 앓지 않았으므로 식혜가 복통의 원인이라고 볼 수 없다.
⑤ 복통을 앓은 '갑돌'과 '병돌'은 식혜와 생선회를 모두 먹었다. 반면 복통을 앓지 않은 '을순'과 '정순'은 모두 생선회를 먹지 않았다. 일치 차이 병용법에 따라 ㉠~㉣을 모두 고려하면 식혜가 아닌 생선회가 복통의 원인임을 알 수 있다.

정답 ④

02 다음 〈원인 분석 방법〉을 〈보기〉에 적용할 때, 갑 사무관의 몸무게가 준 원인으로 보기에 가장 적절한 것은?

2007 행정·외무고시 PSAT

〈원인 분석 방법〉

원인이 될 수 있는 것들 중에서, 어느 하나가 변할 때 결과도 일정한 방식으로 변하고 그것이 변하지 않을 때는 결과도 변하지 않는다면, 그것을 원인으로 간주한다.

―보기―

평소 70kg이 나가던 갑 사무관은 지난 몇 달간 하루 10시간씩 잠을 자고 밥을 끼니당 3공기씩 4끼를 먹고 야식으로 라면 2개를 끓여 먹었으며 5분 이상 걷지 않았다. 몸이 이상해 지난달 초 병원에 가서 몸무게를 달아 보니 85kg이었다. 의사는 다른 이상은 없으나 건강을 위해 원래 몸구게를 유지할 것을 권유하였다.

의사의 권유에 따라 갑 사무관은 몸무게를 원상태로 돌리려고 생활 습관을 바꾸었다. 그달 첫 두 주간 하루 8시간씩 자고 끼니당 2공기씩 3끼 식사를 하고 야식으로 라면을 1개 끓여 먹고 10분씩 걸었더니 몸무게가 80kg이 되었다.

다음 두 주간 하루 8시간씩 자고 끼니당 1.5공기씩 3끼 식사를 하고 야식을 끊고 20분씩 걸었더니 몸무게가 77kg이 되었다. 이달 들어 처음 두 주간 하루 7시간씩 자고 끼니당 1.5공기씩 2끼 식사를 하고 야식 없이 30분씩 걸었는데 몸무게가 그대로였다. 최근 두 주간에는 하루 6시간씩 자고 끼니당 1공기씩 2끼 식사를 하고 야식 없이 1시간씩 걸었는데 몸무게가 72kg이 되었다.

① 야식량
② 수면량
③ 운동 시간
④ 끼니당 밥공기 수
⑤ 야식을 제외하고 하루 동안 먹은 밥공기 수

풀이 연습

해설 이 문제의 〈원인 분석 방법〉은 함께 변하는 두 개의 요인에 주목하는 공변법을 설명한 것이다. 〈보기〉에 나타난 갑 사무관의 생활 방식을 정리하면 다음과 같다.

원인					결과
수면량	끼니당 밥공기 수	전체 밥공기 수	라면 야식 수	운동 시간	몸무게
10시간	3공기	12공기	2개	5분↓	85kg
8시간	2공기	6공기	1개	10분	80kg
8시간	1.5공기	4.5공기	×	20분	77kg
7시간	1.5공기	3공기	×	30분	77kg
6시간	1공기	2공기	×	1시간	72kg

끼니당 밥공기 수가 줄어들 때 몸무게도 같이 줄어들었고, 끼니당 밥공기 수가 1.5공기로 동일할 때 몸무게도 77kg으로 동일했으므로 공변법에 따라 '끼니당 밥공기 수'가 원인임을 알 수 있다.

정답 ④

연습 문제 — 술어 논리

술어 논리 — 타당한 결론의 도출

01 **가**와 **나**를 전제로 할 때 빈칸에 들어갈 결론으로 가장 적절한 것은? 인혁처 1차 예시 문제

> **가** 노인 복지 문제에 관심이 있는 사람 중 일부는 일자리 문제에 관심이 있는 사람이 아니다.
> **나** 공직에 관심이 있는 사람은 모두 일자리 문제에 관심이 있는 사람이다.
> 따라서 _____.

① 노인 복지 문제에 관심이 있는 사람 중 일부는 공직에 관심이 있는 사람이 아니다
② 공직에 관심이 있는 사람 중 일부는 노인 복지 문제에 관심이 있는 사람이 아니다
③ 공직에 관심이 있는 사람은 모두 노인 복지 문제에 관심이 있는 사람이 아니다
④ 일자리 문제에 관심이 있지만 노인 복지 문제에 관심이 없는 사람은 모두 공직에 관심이 있는 사람이 아니다

선재 쌤's Talk

02 [철수의 논증]에 대해서 가장 올바르게 평가한 사람은?

[철수의 논증]
    어떤 정치가들은 야망이 있어. 야망 있는 사람은 모두 게으르지 않아. 따라서 어떤 정치가들은 게으르지 않아.

① 영희: [철수의 논증]에 사용된 전제들이 모두 참이라면, 정치가라면 모두 게으르지 않다는 것도 참이야. 따라서 [철수의 논증]은 받아들일 수 있어.
② 현규: [철수의 논증]에 사용된 전제들이 모두 참이라면, 어떤 정치가들은 게으르지 않다는 결론도 참이야. 따라서 [철수의 논증]은 받아들일 수 있어.
③ 민정: [철수의 논증]에 따르면, 정치하는 사람치고 게으른 사람은 없어. 이건 당연한 사실이므로 [철수의 논증]은 받아들일 수 있어.
④ 진리: [철수의 논증]의 결론이 거짓이라면, 어떤 정치가는 게을러. 실제로 정치가 중에는 게으른 사람들이 꽤 있으므로 이는 참이야. 따라서 [철수의 논증]은 받아들일 수 없어.

03 ㉠과 ㉡을 전제로 할 때, ㉢에 들어갈 결론으로 가장 적절한 것은?

> ㉠ 정의의 가치를 존중하지 않는 어떤 사람도 법학가가 아니다.
> ㉡ 법학가인 어떤 사람은 평등의 가치를 존중한다.
> 따라서 [㉢].

① 법학가가 아닌 사람은 모두 정의의 가치를 존중하지 않는다
② 정의의 가치를 존중하는 사람 중 일부는 평등의 가치를 존중한다
③ 평등의 가치를 존중하는 사람은 모두 정의의 가치를 존중한다
④ 정의의 가치를 존중하고 평등의 가치를 존중하는 사람은 모두 법학가이다

04 ㉠과 ㉡을 전제로 할 때, ㉢에 들어갈 결론으로 가장 적절한 것은?

> ㉠ 자유로운 삶을 추구하는 모든 사람은 형식에 얽매이지 않는다.
> ㉡ 주체적이지 않은 모든 사람은 형식에 얽매인다.
> 따라서 [㉢].

① 자유로운 삶을 추구하는 사람은 모두 주체적이다
② 형식에 얽매이는 모든 사람은 자유로운 삶을 추구하는 사람이다
③ 자유로운 삶을 추구하는 어떤 사람은 주체적이지 않다
④ 주체적이면서 자유로운 삶을 추구하지 않는 사람이 있다

선재 쌤's Talk

05 ㉠~㉢에서 전제가 참일 때, 결론이 반드시 참인 논증을 모두 고른 것은?

> ㉠ 술을 마시지 않는 사람은 모두 온전한 정신 상태를 유지하고 있어. 그런데 몇몇 운동선수는 정신 상태가 온전해. 그렇다면 운동선수 중에는 술을 마시지 않는 사람이 있어.
>
> ㉡ 쉽게 접촉할 수 없는 것은 어떤 것도 유용하지 않아. 그런데 100도가 넘는 것은 어떤 것도 쉽게 접촉할 수 없거든. 그러므로 유용한 것은 모두 100도 이하의 것이지.
>
> ㉢ 사유할 수 있는 모든 존재는 행위를 할 수 있어. 그러나 행위를 할 수 없는 존재라면 자유 의지를 갖지 못해. 따라서 사유할 수 있는 존재라면 자유 의지를 가지고 있을 거야.

① ㉠
② ㉡
③ ㉠, ㉡
④ ㉡, ㉢

06 ㉠~㉢을 참이라고 가정할 때, 반드시 참인 것은?

> ㉠ 모든 이성적인 사람은 덕을 갖춘 사람이다.
> ㉡ 덕을 갖추지 않은 어떤 사람은 불행한 사람이다.
> ㉢ 불행하지 않은 어떤 사람은 덕을 갖춘 사람이다.

① 이성적이지 않은 사람은 모두 덕을 갖추지 않은 사람이다.
② 이성적이지 않은 어떤 사람은 불행한 사람이다.
③ 불행하지 않은 어떤 사람은 이성적인 사람이다.
④ 이성적이지 않은 사람은 모두 불행한 사람이다.

07 빈칸에 들어갈 말로 가장 적절한 것은?

> 김 팀장이 찬성한 안건은 모두 박 팀장이 찬성한 안건이고, 박 팀장이 찬성한 안건은 모두 황 팀장이 찬성한 안건이다. 그런데 김 팀장이 찬성한 어떤 안건은 윤 팀장이 찬성하지 않은 안건이다. 따라서 _____.

① 김 팀장이 찬성하지 않은 안건은 모두 황 팀장이 찬성하지 않은 안건이다
② 황 팀장이 찬성한 어떤 안건은 윤 팀장이 찬성하지 않은 안건이다
③ 김 팀장이 찬성하지 않은 어떤 안건은 윤 팀장이 찬성한 안건이다
④ 윤 팀장이 찬성한 어떤 안건은 박 팀장이 찬성하지 않은 안건이다

선재 쌤's Talk

08 다음 내용이 참일 때, 반드시 참인 것만을 〈보기〉에서 모두 고른 것은?

- 염세적인 사람은 모두 냉소적이다.
- 낙천적인 사람은 모두 냉소적이지 않다.
- 냉소적인 사람은 모두 비판적이지 않다.
- 낙천적이지 않은 사람은 모두 염세적이다.

〈보기〉
㉠ 낙천적인 사람은 모두 비판적이다.
㉡ 염세적인 사람은 모두 비판적이지 않다.
㉢ 낙천적인 사람은 모두 염세적이지 않다.

① ㉠
② ㉠, ㉡
③ ㉡, ㉢
④ ㉠, ㉡, ㉢

09 다음 세 가지 명제를 통해 얻을 수 있는 결론으로 타당한 것은?

> · 모든 국민은 국방의 의무를 진다.
> · 어떤 국민은 선거 중립의 의무를 지지 않는다.
> · 모든 청렴의 의무를 지는 사람은 선거 중립의 의무를 진다.

① 모든 국민은 선거 중립의 의무를 지지 않는다.
② 어떤 국방의 의무를 지는 사람은 선거 중립의 의무를 진다.
③ 어떤 국민은 청렴의 의무를 진다.
④ 어떤 국민은 국방의 의무를 지며, 청렴의 의무를 지지 않는다.

선재 쌤's Talk

10 다음 세 가지 명제를 통해 얻을 수 있는 결론으로 타당한 것은?

> · 속독을 잘하는 어떤 사람은 기억력이 좋다.
> · 책을 많이 읽는 어떤 사람은 기억력이 좋다.
> · 책을 많이 읽는 모든 사람은 집중력이 좋다.

① 집중력도 좋고 기억력도 좋은 사람이 존재한다.
② 책을 많이 읽는 어떤 사람은 기억력이 좋지 않다.
③ 속독을 잘하는 어떤 사람은 집중력이 좋지 않다.
④ 속독을 잘하는 어떤 사람은 집중력과 기억력이 모두 좋다.

11 다음 대화의 ㉠에 들어갈 말로 가장 적절한 것은?

> **영희**: 이번에 수강 실태 조사를 보니까, 논리학을 수강한 어떤 학생들은 심리학도 수강했더라.
> **철수**: 맞아. 그런데 경제학을 수강하지 않은 학생들은 모두 심리학은 수강하지 않았던데?
> **영희**: 아, 그러면 [㉠   ].

① 논리학을 수강한 어떤 학생은 경제학을 수강하지 않았겠네
② 논리학, 심리학, 경제학을 모두 수강한 학생이 있겠네
③ 경제학을 수강한 학생은 모두 논리학을 수강했겠네
④ 논리학, 심리학, 경제학을 모두 수강한 학생은 없겠네

선재 쌤's Talk

술어 논리 — 생략된 전제 찾기

12 다음 글의 밑줄 친 결론을 이끌어 내기 위해 추가해야 할 것은?
2025 지방직 9급

> 마라톤을 하는 사람은 모두 식단을 조절하거나 근력 운동을 한다. 근력 운동을 하는 사람은 모두 건강하다. 따라서 <u>마라톤을 하는 사람은 모두 건강하다</u>.

① 건강한 사람은 모두 식단을 조절한다.
② 식단을 조절하는 사람은 모두 건강하다.
③ 식단을 조절하는 사람 중에 근력 운동을 하는 사람은 없다.
④ 식단 조절과 근력 운동을 병행하는 사람 중에 건강하지 않은 사람은 없다.

13 다음 대화의 ㉠에 들어갈 말로 적절한 것은?
2025 지방직 9급

> 갑: 공무원은 공직자이고 공직자는 그 직책만으로 국가나 사회에 영향을 미치는 공인이야. 모든 공무원은 공인이니까 공인으로서의 사명감을 가질 의무가 있어. 하지만 공무원이 아닌 사람이라면 그게 누구든 그런 사명감을 가질 의무는 없지.
> 을: 모든 사람이 죽는다고 죽는 것들이 모두 사람인 것은 아니잖아. 네가 "공무원이 아닌 모든 사람은 공인으로서의 사명감을 가질 의무가 없다."라는 주장을 하려면 "㉠"가 참이어야 해.

① 몇몇 공인은 공인으로서의 사명감을 가질 의무가 없다
② 모든 공무원은 공인으로서의 사명감을 가질 의무가 없다
③ 공인으로서의 사명감을 가질 의무가 있는 사람은 모두 공무원이다
④ 공인으로서의 사명감을 가질 의무가 없는 사람은 모두 공무원이 아니다

14 다음 글의 밑줄 친 결론을 이끌어 내기 위해 추가해야 할 것은? 인혁처 1차 예시 문제

> 문학을 좋아하는 사람은 모두 자연의 아름다움을 좋아하는 사람이다. 자연의 아름다움을 좋아하는 어떤 사람은 예술을 좋아하는 사람이다. 따라서 예술을 좋아하는 어떤 사람은 문학을 좋아하는 사람이다.

① 자연의 아름다움을 좋아하는 사람은 모두 문학을 좋아하는 사람이다.
② 문학을 좋아하는 어떤 사람은 자연의 아름다움을 좋아하는 사람이다.
③ 예술을 좋아하는 어떤 사람은 자연의 아름다움을 좋아하는 사람이다.
④ 예술을 좋아하지만 문학을 좋아하지 않는 사람은 모두 자연의 아름다움을 좋아하는 사람이다.

15 다음 글의 내용이 참일 때, 나에 들어갈 말로 가장 적절한 것은?

> 가 경영학과가 아닌 학생 중에 지방에 본가가 있는 학생이 있다.
> 나 _____.
> 따라서 지방에 본가가 있는 학생 중에 예비역인 학생이 있다.

① 지방에 본가가 있는 학생은 모두 예비역이다
② 예비역이 아닌 학생은 모두 경영학과 학생이 아니다
③ 경영학과가 아닌 학생은 모두 예비역이다
④ 예비역 중에 경영학과가 아닌 학생이 있다

16 다음 결론을 도출하기 위해 '전제 1'에 들어갈 내용으로 가장 적절한 것은?

> 전제 1. _____.
> 전제 2. A 부서의 어떤 직원은 다음 주에 출장을 간다.
> 결론. 기획 회의를 준비하는 어떤 직원은 A 부서 직원이다.

① 기획 회의를 준비하는 어떤 직원은 다음 주에 출장을 간다
② A 부서의 직원들은 모두 기획 회의를 준비한다
③ 기획 회의를 준비하는 직원은 모두 다음 주에 출장을 간다
④ 기획 회의를 준비하지 않는 직원은 모두 다음 주에 출장을 가지 않는다

17 다음 글의 밑줄 친 결론을 이끌어 내기 위해 추가해야 할 것은?

> 수학 수업을 듣는 사람은 모두 국어 수업을 듣지 않는다. 국어 수업을 듣는 어떤 사람은 영어 수업을 듣지 않는다. 따라서 <u>영어 수업을 듣는 사람 중에 수학 수업을 듣지 않는 사람도 있다.</u>

① 수학 수업을 듣는 어떤 사람은 영어 수업을 듣는 사람이다.
② 국어 수업을 듣지 않는 사람은 모두 수학 수업을 듣는 사람이다.
③ 국어 수업을 듣는 어떤 사람은 영어 수업을 듣는 사람이다.
④ 영어 수업을 듣지 않지만 수학 수업을 듣는 사람은 모두 국어 수업을 듣는 사람이다.

선재 쌤's Talk

18 다음 대화의 ㉠에 들어갈 말로 가장 적절한 것은?

> 윤지: 그거 들었어? 신입 직원 중 일부가 동계 연수에 참여했대. 그리고 ㉠ .
> 세원: 지금 한 말에 따르면, 신년회에 참여하지 않은 사람 중 일부가 신입 직원 이라는 결론이 나오네.

① 신입 직원 중 신년회에 참여한 사람이 있대
② 동계 연수에 참여한 사람은 모두 신년회에 참여하지 않았대
③ 신년회에 참여한 사람은 모두 동계 연수에 참여했대
④ 동계 연수에 참여한 사람 중 신년회에 참여한 사람이 있대

19 다음 글의 밑줄 친 결론을 이끌어 내기 위해 추가해야 할 것은?

> 예능 프로그램은 모두 사람들을 즐겁게 한다. 어떤 예능 프로그램은 사람들을 감동시킨다. 따라서 <u>완성도가 높은 프로그램 중 일부는 사람들을 감동시킨다</u>.

① 완성도가 높은 프로그램은 모두 사람들을 즐겁게 한다.
② 어떤 예능 프로그램은 완성도가 높다.
③ 완성도가 높은 프로그램은 모두 예능 프로그램이다.
④ 사람들을 즐겁게 하는 것은 모두 완성도가 높은 프로그램이다.

20 다음 글의 밑줄 친 결론을 이끌어 내기 위해 추가해야 할 것은?

> - 월요일에 출근하는 직원 중 몇 명은 수요일에 출근한다.
> - 화요일에 출근하는 직원은 모두 목요일에 출근한다.
> - 따라서 <u>월요일에 출근하는 직원 중 몇 명은 목요일에 출근한다</u>.

① 화요일에 출근하지 않는 직원은 아무도 수요일에 출근하지 않는다.
② 목요일에 출근하는 사람 중 몇 명은 수요일에 출근한다.
③ 수요일에 출근하는 모든 직원은 월요일에 출근한다.
④ 수요일에 출근하지 않는 직원 중 몇 명은 화요일에 출근하지 않는다.

논리의 오류

21 A의 주장에 대한 B의 반론에 나타난 것과 유사한 오류를 범한 것은?

> A: 인류는 적어도 지난 100여 년간 지구 밖 생명체의 존재에 대해 구체적으로 생각해 왔다. 1898년에 나온 허버트 조지 웰스의 〈우주 전쟁〉에 이미 지구를 침공하러 온 화성인들이 등장했고, 이를 필두로 지금에 이르기까지 수많은 작가와 감독에 의해 상상 속의 외계 생명체들이 마치 실재하는 것처럼 그려져 왔다. 언젠가부터 정통 과학자들도 그 대열에 합류했다. 현재 과학계에서 외계 생명체의 존재 가능성 자체는 별다른 이견 없이 인정되는 분위기이다.
>
> B: 외계인이 존재한다는 당신의 주장은 잘못되었다. 외계인의 존재는 아직까지 실증적으로 밝혀진 바가 없으며, 지금 당신이 말한 외계인은 모두 문학이나 영화라는 창작물에서 허구적으로 창조된 대상일 뿐이다. 따라서 실증적으로 밝혀진 적이 없는 외계 생명체가 우주에 존재한다고 주장하는 당신의 의견은 옳지 않다.

① 백성들이 빵이 없어 굶주리고 있다고? 빵이 없으면 빵 대신 그들에게 케이크를 먹게 하면 되지 않느냐!
② 돼지고기를 싫어하신다면 소고기는 엄청 좋아하시겠네요?
③ A 사의 자율 주행 자동차는 지금까지 대형 사고가 발생한 적이 없다. 그러므로 이 자동차의 안전성은 완벽하게 검증되었다고 판단할 수 있다.
④ 저 사람이 지나가고 5분 후에 여기서 살인 사건이 발생했습니다. 그러니 범인은 저 사람이 틀림없습니다.

22 ㉠에서 지적한 것과 같은 종류의 오류가 나타난 것은?

> 진: (옆에 앉으며) 무슨 고민 있어? 내가 맞혀 볼까?
> 흥수: 네가 점쟁이냐?
> 진: 어떻게 알았냐? 맞아, 나 점 볼 줄 알거든. 집시한테 배운 적 있어.
> 흥수: 너 말야, 내가 너한테 잠깐의 실수로 ㉠<u>인생사의 일부를 들켰다고 해서 날 전부 이해할 수 있을 거라고</u> 착각하나 본데, 제발 관심 좀 끊어 주라.
> – 진수완, 〈어느 날 심장이 말했다〉

① 그는 정신 질환을 앓았던 사람이기 때문에, 그가 제정신으로 한 말이라고 볼 수 없어.
② 내 주위의 사람들은 모두 씀씀이가 지나치게 커. 한국인은 과소비하는 습성이 있어서 큰일이야.
③ 그 빵집 SNS에 달린 '좋아요' 수가 1만 개나 되는 걸 보면, 그 집 빵은 분명 맛있을 거야.
④ 만약 촛대를 사용해서 피해자를 죽였다면, 촛대에 피가 묻어 있을 거야. 그런데 촛대에 피가 묻어 있으니 촛대가 범행 도구인 것이 분명해.

23 다음은 아버지와 아들의 대화이다. 이 대화에서 아버지가 범하고 있는 오류가 나타난 것은?

> "할아버지는 기꺼이 응하지 않았을 게다. 네가 유혹했어."
> "결과는 마찬가지예요. 저는 그날 할아버지에게서 그걸 확인했습니다."
> "너는 할아버지와 나와의 관계에 대해, 특히 내가 취하고 있는 입장에 대단히 불만이지?"
>
> — 최일남, 〈흐르는 북〉

① 모든 총기류 사용을 금지해야 한다. 총기류 사용을 허용해야 한다고 생각하는 사람들은 많은 범죄가 총기류와 연관되어 있다는 것을 간과한다. 그러나 통계는 그와 반대되는 것을 증명하고 있으니 총기류 사용을 금지해야 한다.

② 내가 애국심이 부족하다는 건 인정해. 그런데 너 '저희 나라를 사랑합시다'가 틀린 표현이라는 건 알고 있니?

③ 철수가 자기 마당에 있는 나무의 가지치기를 하는 바람에 둥지에 있던 새끼 새가 떨어져 죽었다. 철수는 동물의 목숨따위는 중요하지 않다고 생각한 것이다.

④ 올해 K 리그 우승 팀은 ○○ 팀이다. 그러니 ○○ 팀 선수들 각각은 우리나라 최고의 축구 선수임에 틀림없다.

24 다음 글과 동일한 논증의 오류가 나타난 것은?

> 쇼펜하우어는 니체보다 훌륭한 철학자이다. 왜냐하면 철학적 식견이 있는 사람들이 그렇게 말하기 때문이다. 그렇다면 철학적 식견이 있는 사람은 누구인가? 쇼펜하우어가 니체보다 훌륭한 철학자라고 이야기하는 사람들이다.

① 우리는 모두 자신의 부모를 공경해야 한다. 그러니 다른 어른들은 공경하지 않아도 된다.
② 외과 의사는 법의 처벌을 받아야 한다. 왜냐하면 남의 몸에 칼을 대는 사람은 모두 법의 처벌을 받아야 하기 때문이다.
③ 어떤 일의 끝은 그 일의 완성이다. 삶의 끝은 죽음이다. 따라서 죽음은 삶의 완성이다.
④ 우주 공학자들은 머리가 좋은 사람들이다. 머리가 좋지 않으면 우주 공학자가 될 수 없기 때문이다.

복합+실력 UP 문제

25 최근 영국에서 커다란 루비를 훔쳤던 범인이 잡혔다. 다음은 도난 사건의 범인에 대한 셜록 홈스의 추리와, 체포된 범인에 대한 설명이다. 홈스의 추리에 따라, 잡힌 범인의 특징으로 알맞은 것은?

> ㉠ 범인은 모자를 쓰거나 안경을 쓴다.
> ㉡ 만약 범인이 모자를 쓴다면, 그는 코트를 입는다.
> ㉢ 만약 범인이 코트를 입지 않는다면, 그는 안경을 쓰지 않는다.
> ㉣ 만약 범인이 모자를 쓴다면, 그는 코트를 입지 않는다.

① 범인은 모자를 쓰지 않고 코트를 입지 않는다.
② 범인은 코트를 입고 모자를 쓴다.
③ 범인은 안경을 쓰고 코트를 입는다.
④ 범인은 코트를 입고 안경을 쓰지 않는다.

26 다음 진술이 참일 때, 반드시 참인 것은?

> 국회 국정 조사 특별 위원회는 한 사건과 관련해 청문회에 증인들을 출석시키려고 한다. 이와 관련해 증인들은 서로 다음과 같은 원칙을 정하였다.
>
> • 갑이 청문회에 출석하면 을과 정도 출석한다.
> • 을이 청문회에 출석하면 병도 출석한다.
> • 병이 청문회에 출석하면 갑은 출석하지 않는다.

① 갑은 청문회에 출석하지 않는다.
② 을은 청문회에 출석한다.
③ 병은 청문회에 출석하지 않는다.
④ 정은 청문회에 출석한다.

선재 쌤's Talk

27 다음 글의 내용이 모두 참일 때, 반드시 참인 것은?

- 과일 가격이 내리지 않거나 공산품 가격이 오른다.
- 추석이 가까워 오면 공산품 가격이 오르지 않는다.
- "추석이 가까워 오면 과일 가격이 내린다."는 사실이 아니다.

① 과일 가격이 내린다.
② 공산품 가격이 오르지 않는다.
③ 추석이 가까워 오지 않는다.
④ 공산품 가격이 오르지 않으면 과일 가격이 내린다.

28 다음과 같은 조건이 주어졌을 때, 반드시 참인 진술은?

㉠ A 회사에는 재택근무 팀과 출근 팀, 두 개의 팀만 있다.
㉡ 운동을 잘하는 사람은 모두 재택근무 팀이고 야근을 하지 않는다.
㉢ 출근 팀이며 야근을 하지 않는 사람은 모두 30대이다.
㉣ 철수는 A 회사 직원이며, 야근을 하지 않는다.

① 철수는 운동을 잘한다.
② 철수는 운동을 잘하지 못하고, 30대이다.
③ 철수가 30대가 아니라면, 철수는 운동을 잘한다.
④ 철수가 출근 팀이라면, 철수는 운동을 잘하지 못한다.

29 다음 진술이 모두 참일 때, 항상 참이라고 볼 수는 없는 것은?

- 양궁을 관람하면 펜싱도 관람한다.
- 핸드볼을 관람하지 않거나 양궁을 관람한다.
- 양궁을 관람하지 않거나 배드민턴을 관람한다.
- 핸드볼을 관람하지 않으면 양궁을 관람한다.

① 핸드볼을 관람하면 양궁을 관람한다.
② 펜싱을 관람하고 배드민턴도 관람한다.
③ 양궁을 관람하고 핸드볼도 관람한다.
④ 양궁을 관람하면 배드민턴을 관람한다.

선재 쌤's Talk

30 다음 글에 대한 분석으로 적절한 것만을 〈보기〉에서 모두 고른 것은?

- Ⓐ 그는 지하철로 출근하거나 자동차로 출근한다. Ⓐ를 거짓이라고 가정하면, ㉠ 그는 자동차로 출근하지 않는다. 그런데 Ⓐ가 참이고 그는 지하철로 출근하지 않는다고 가정하면, ㉡ 그는 자동차로 출근한다.

- Ⓑ 그는 자동차로 출근하면 지각한다. Ⓑ를 거짓이라고 가정하면, ㉢ 그는 자동차로 출근해도 지각하지 않는다.

보기

㉮ ㉠을 추론하는 데는, 'A이거나 B'의 형식을 가진 문장이 거짓이면 A도 B도 모두 반드시 거짓이라는 원리가 사용되었다.

㉯ ㉡을 추론하는 데는, 'A이거나 B'라는 형식이 참인 문장에서 A가 거짓이면 B는 반드시 참이라는 원리가 사용되었다.

㉰ ㉢을 추론하는 데는, 'A이면 B'라는 형식을 가진 문장이 거짓이면 A가 참이면서 B는 거짓이라는 원리가 사용되었다.

---

① ㉮, ㉯
② ㉮, ㉰
③ ㉯, ㉰
④ ㉮, ㉯, ㉰

31 ㉠~㉣에 대한 평가로 적절한 것을 〈보기〉에서 모두 고른 것은?

㉠ 어떤 신입생은 어학연수를 간다.
㉡ 어학연수를 가는 모든 사람은 봉사 활동에 참여한다.
㉢ 어학연수를 가지 않는 모든 사람은 봉사 활동에 참여하지 않는다.
㉣ 어떤 신입생은 봉사 활동에 참여한다.

보기
㉮ ㉠과 ㉡이 참일 경우 ㉣은 반드시 참이다.
㉯ ㉠과 ㉢이 참일 경우 ㉣은 반드시 참이다.
㉰ ㉢과 ㉣이 참일 경우 ㉠은 반드시 참이다.

① ㉮
② ㉯
③ ㉮, ㉰
④ ㉯, ㉰

32 다음 글의 내용이 참일 때, 반드시 참인 진술은?

> • 재호는 ○○ 아파트에 살고 있으며, 직장에 다니지 않는다.
> • ○○ 아파트에는 A동과 B동, 단 두 개의 동만 있다.
> • A동에 살면서 직장에 다니지 않는 사람은 모두 단지 내의 마트를 이용한다.
> • B동에 살면서 직장에 다니지 않는 사람은 모두 동호회 활동을 하지 않는다.

① 재호는 단지 내의 마트를 이용한다.
② 재호가 동호회 활동을 한다면, 재호는 단지 내의 마트를 이용한다.
③ 재호는 단지 내 마트를 이용하지 않고, 동호회 활동도 하지 않는다.
④ 재호가 B동에 산다면, 재호는 동호회 활동을 한다.

선재 쌤's Talk

33 ㉠~㉤의 조건이 주어졌을 때, 반드시 참인 진술은?

㉠ 회사에는 기획 팀과 재무 팀, 두 개의 팀만 있다.
㉡ 재무 팀 사람들은 모두 미혼이다.
㉢ 기획 팀에서 안경 쓴 사람들은 모두 노트북이 있다.
㉣ 재무 팀에서 안경 쓴 사람들은 모두 넥타이를 맨다.
㉤ 성규는 회사에 다니며, 기혼이다.

① 성규가 안경을 쓰지 않았다면, 성규는 노트북이 없다.
② 성규가 안경을 쓴다면, 성규는 노트북이 있다.
③ 성규가 안경을 쓴다면, 성규는 넥타이를 맨다.
④ 성규가 노트북이 있다면, 성규는 넥타이를 매지 않는다.

34 ㉠~㉢의 관계에 대한 평가로 옳은 것만을 〈보기〉에서 모두 고른 것은?

㉠ 부자인 사람은 모두 자기 소유의 건물이 있다.
㉡ 복권에 당첨된 어떤 사람은 부자가 아니다.
㉢ 부자인 어떤 사람은 복권에 당첨되었다.

― 보기 ―
㉮ ㉠과 ㉡으로부터 복권에 당첨된 어떤 사람은 자기 소유의 건물이 없다는 것이 추론된다.
㉯ ㉠과 ㉢으로부터 자기 소유의 건물이 있는 어떤 사람은 복권에 당첨되었다는 것이 추론된다.
㉰ ㉡과 ㉢은 동시에 참일 수 있다.

① ㉮, ㉯
② ㉮, ㉰
③ ㉯, ㉰
④ ㉮, ㉯, ㉰

35 다음 진술이 모두 참일 때, 인공 지능 '순이'에 관한 설명 중 반드시 참인 것은?

> • 한국에서 개발되지 않은 학습 가능한 인공 지능은 모두 노래할 수 있다.
> • 한국에서 개발된 학습 가능한 인공 지능은 모두 글을 쓸 수 있다.
> • '순이'는 학습 가능한 인공 지능이다.

① '순이'는 노래할 수 없다.
② '순이'가 한국에서 개발되지 않았다면, '순이'는 글을 쓸 수 없다.
③ '순이'가 글을 쓸 수 없다면, '순이'는 노래할 수 있다.
④ '순이'가 글을 쓸 수 있다면, '순이'는 한국에서 개발되었다.

36 다음 추론이 타당하기 위해 추가로 필요한 진술은?

> 기차가 1번 승강장으로 들어왔다면, 그 기차는 서울을 지나왔을 것이다. 기차가 서울을 지나왔다면, 기차는 종점에서 출발했고 탑승 시간이 지연되었을 것이다. 따라서 기차는 1번 승강장으로 들어오지 않았다.

① 기차의 탑승 시간은 지연되었을 것이다.
② 기차는 종점에서 출발했을 것이다.
③ 기차는 서울을 지나왔을 것이다.
④ 기차의 탑승 시간은 지연되지 않았을 것이다.

37 다음 글의 밑줄 친 결론을 이끌어 내기 위해 추가해야 할 전제는?

> 이번 실험이 성공한다면, 내 첫 번째 가설이 옳다. 한편, 내 첫 번째 가설과 두 번째 가설이 동시에 옳을 수는 없다. 그런데 만약 기존 연구 결과에 오류가 있다는 것이 밝혀진다면, 내 두 번째 가설이 옳다. 따라서 기존 연구 결과에는 어떠한 오류도 없다.

① 첫 번째 가설이 옳지 않을 것이다.
② 두 번째 가설이 옳을 것이다.
③ 이번 실험은 성공할 것이다.
④ 기존 연구 결과에 오류가 있다면, 첫 번째 가설도 옳지 않을 것이다.

38 신입 사원들에 대한 다음 정보를 토대로 신입 사원 '영수'에 관하여 바르게 추론한 것만을 〈보기〉에서 모두 고른 것은?

- 석사 학위자가 아닌 사원은 모두 통계학 전공자가 아니다.
- 석사 학위자는 모두 중국어 특기자이다.
- 통계학 전공이거나 25세 이상의 신입 사원은 모두 중국어 특기자가 아니다.

보기
㉠ 영수는 통계학 전공자가 아니다.
㉡ 영수가 25세 이상이라면, 중국어 특기자가 아니다.
㉢ 영수가 석사 학위자라면, 25세 이상이다.

① ㉠, ㉡ ② ㉠, ㉢
③ ㉡, ㉢ ④ ㉠, ㉡, ㉢

39 ㉠~㉣이 모두 참일 경우, 반드시 읽는 책은?

㉠ 〈허생전〉을 읽으면 〈춘향전〉과 〈박씨전〉도 읽는다.
㉡ 〈구운몽〉을 읽으면 〈삼국유사〉와 〈홍길동전〉을 읽는다.
㉢ 〈홍길동전〉을 읽으면 〈박씨전〉도 읽는다.
㉣ 〈구운몽〉이나 〈허생전〉을 읽는다.

① 〈구운몽〉
② 〈허생전〉
③ 〈홍길동전〉
④ 〈박씨전〉

40 다음 글의 내용이 참일 때, 반드시 참인 것만을 〈보기〉에서 모두 고르면?

> 다음은 시장에서 상인들의 육류 구입 현황을 파악한 결과이다.
>
> - 소고기, 돼지고기, 닭고기 모두를 구입한 상인은 없었다.
> - 닭고기를 구입하지 않은 어떠한 상인도 소고기를 구입하지 않았다.
> - 돼지고기와 닭고기를 둘 다 구입한 상인이 있었다.

〈보기〉
㉠ 소고기를 구입하지 않은 상인이 있다.
㉡ 소고기와 돼지고기 둘 다 구입한 상인은 없다.
㉢ 닭고기만 구입한 상인이 있다.

① ㉠
② ㉠, ㉡
③ ㉡, ㉢
④ ㉠, ㉡, ㉢

선재 쌤's Talk

MEMO

MEMO

MEMO

MEMO

MEMO

가장 많은 수험생들이 선택하는 공무원 국어 1위

선재국어

가장 쉽고도 깊이 있는
공무원 논리

가장 많은 수험생들이 선택하는 **공무원 국어 1위***

*공단기 국어 과목 패스 수강생 기준

2026 선재국어

가장 쉽고도 깊이 있는 공무원 논리

수비니겨 논리

정답과 해설

공단기

2026 선재국어

가장 쉽고도 깊이 있는 공무원 논리

수비니겨 논리

정답과 해설

공단기

PART 1 | 명제 논리

POINT 01 | 논증의 개념과 유형

연습하기

01 전제: B   결론: A
02 전제: A   결론: B
03 전제: A   결론: B
04 전제: B   결론: A
05 전제: B   결론: A

POINT 02 | 명제 논리 ①: 명제의 구성과 기호화

연습하기

01 A → B   A: 공무원   B: 성실
02 ~A   A: 수업 시간에 졺
03 ~A → ~B   A: 봉사 정신 투철   B: 공직 종사
04 A ∧ B   A: 취업률 높음   B: 물가 높음
05 ~(A ∨ B)   A: UFO   B: 외계 생명체
06 (A → B) ∧ (~A → ~B)   A: 공부 열심   B: 시험 합격
07 ~(A ∧ B) → C   A: 열정   B: 융통성   C: 평판 나쁨
08 A → (B ∨ ~C)   A: 환경 생각   B: 대중교통   C: 물 마음껏
09 A ≡ B   A: 햇빛 쨍쨍   B: 날씨 따뜻
10 (~A ∧ ~B) ≡ C   A: 술 마심   B: 담배 피움   C: 건강
11 A ∨ B. 선언문   A: 일행직   B: 소방직
12 A → B. 조건문   A: 성실   B: 합격
13 A ∧ ~B. 연언문   A: 수험생   B: 성실
14 ~(A ∨ B). 주 논리 연결사로 판단하면 부정문   A: 어려움   B: 쉬움
15 (~A → ~B) ∧ (C → D). 주 논리 연결사로 판단하면 연언문   A: 논리 문제 B: 국어 시험 재미있음 C: 문법 문제 D: 국어 시험 난도 높음

POINT 03 명제 논리 ②: 논증의 타당성 판단 — 진리표

연습하기

01

단순 명제		복합 명제				
P	Q	P∧Q	P∨Q	P→Q	P≡Q	~P
T	T	T	T	T	T	F
T	F	F	T	F	F	F
F	T	F	T	T	F	T
F	F	F	F	T	T	T

02 거짓 **03** 참 **04** 참
05 알 수 없음 **06** 거짓 **07** 알 수 없음
08 참 **09** 거짓 **10** 거짓
11 참

12

A	B	A → B 전제 1	~A 전제 2	~B 결론
T	T	T	F	F
T	F	F	F	T
F	T	T	T	F
F	F	T	T	T

→ 타당한/**부당한** 논증이다.
　세 번째 줄에, 전제 1과 전제 2가 모두 참인데 결론이 거짓인 경우가 있으므로, 이 논증은 부당하다. 전제가 참인데 결론이 거짓인 경우가 하나라도 있으면 부당한 논증인 것이다.

13

A	B	A → B 전제 1	~B 전제 2	~A 결론	* ~B → ~A 논리적 동치
T	T	T	F	F	T
T	F	F	T	F	F
F	T	T	F	T	T
F	F	T	T	T	T

→ **타당한**/부당한 논증이다.
　마지막 줄을 보면, 전제 1과 전제 2가 모두 참인 경우, 결론이 거짓으로 나타나지 않는다. 그러므로 이 논증은 타당하다.

14 ① T ② T ③ F ④ 모두 참인데 결론이 거짓인 경우 ⑤ 타당하지 않은

POINT 04 | 명제 논리 ③: 함축 규칙

연습하기

01 부당   후건 긍정의 오류

02 타당   선언지 제거법

03 타당

> 1. A → B
> 2. A ∨ C
> 3. ~C
> ─────────
> ∴ B

3으로 인해 2에서 선언지가 제거되어 [A]가 도출되고, 이로 인해 1의 전건이 긍정되어 [B]가 도출된다.

04 타당

> 1. A ∧ B
> 2. B → ~C
> ─────────
> ∴ A ∧ ~C

1에서 연언지 단순화로 [A], [B]가 도출된다. [B]로 인해 2의 전건이 긍정되어 [~C]가 도출된다. [A]와 [~C]를 연언화하면 'A ∧ ~C'가 도출된다.

05 타당

> 1. ~A ∨ ~B
> 2. C → A
> 3. C → B
> ─────────
> ∴ ~C

1, 2, 3에서 파괴적 양도 논법을 적용하면 '~C ∨ ~C'가 도출된다. '~C ∨ ~C'는 동어 반복이므로, [~C]가 도출된다.

06 A는 참이다   선언지 제거법

07 B는 참이다   전건 긍정식

08 이러나저러나 C가 참이다   단순 양도 논법

09 세계 경제 침체는 오래되지 않았다   후건 부정식

> A: 경제 침체 B: 실업난
> 1. A → B
> 2. ~B
> ─────────
> ∴ ~A

10 이러나저러나 공부를 안 한다 단순 양도 논법

> A: 시험 걱정   B: 공부함
> 1. A ∨ ~A
> 2. A → ~B
> 3. ~A → ~B
> ∴ ~B

11 타당 선언지 첨가법 [기호화] A / ∴ A ∨ B
12 부당 전건 부정의 오류 [기호화] A → B, ~A / ∴ ~B
13 타당 가언 삼단 논법, 후건 부정식 [기호화] A → B, B → C, ~C / ∴ ~A
14 부당 선언지 긍정의 오류 [기호화] A ∨ B, B / ∴ ~A
15 타당 선언지 제거법 [기호화] A ∨ B, ~A / ∴ B

POINT 05 | 명제 논리 ④: 대치 규칙

연습하기

01 타당

> A: 철수 공무원   B: 영희 공무원
> ~(~A ∧ ~B)
> ∴ A ∨ B

'~(~A ∧ ~B)'는 드모르간 법칙에 의해 '~~A ∨ ~~B'가 된다. [A]의 이중 부정은 [A]와, [B]의 이중 부정은 [B]와 논리적 동치이므로 결론적으로 'A ∨ B'가 도출된다.

02 부당

> A: 민수 증언   B: 영희 증언   C: 철수 증언
> 1. A → B
> 2. C → B
> ∴ A → C

[B]가 모두 1, 2의 후건에 위치하고 있으므로 1, 2는 가언 삼단 논법으로 연결될 수 없다.

03 타당

> A: 제구력 약함   B: 체력 약함   C: 선발에서 제외됨
> 1. (A ∨ B) → C
> 2. ~C
> ∴ ~B

2로 인해 1의 후건이 부정되어 '~(A ∨ B)'가 도출된다. '~(A ∨ B)'는 드모르간 법칙에 따라 '~A ∧ ~B'가 되고 여기에서 연언지 단순화로 [~B]가 결론으로 도출된다.

04 부당

> A: 사과 축제　B: 복숭아 축제
> 1. A ∨ B
> 2. A
> ∴ ~B

선언지 긍정의 오류를 범한 추론이다. 선언지 중 하나를 긍정한다고 해서 다른 하나가 거짓이 되는 것은 아니다.

05 타당

> A: 영어 회화　B: 자격증　C: 내년 승진
> 1. A ∨ B
> 2. A → C
> 3. B → C
> ∴ C

1, 2, 3으로부터 양도 논법에 의해 [C]가 결론으로 도출된다.

06 부당

> A: 재희 마포구　B: 강우 마포구　C: 민호 동작구
> 1. (A ∧ B) → C
> 2. ~C
> ∴ ~B

2로 인해 1의 후건이 부정되어 '~A ∨ ~B'가 도출된다. 이는 선언문이므로, 선언지 중 무엇이 참인지는 알 수 없다. 따라서 [~B]라고 확정적으로 결론 내릴 수 없다.

07 타당

> A: 경기 침체　B: 가계 소비 늘어남　C: 자영업자 어려워짐
> 1. ~B → C
> 2. A → ~B
> ∴ A → C

1, 2로부터 가언 삼단 논법에 의해 'A → C'가 결론으로 도출된다.

08 타당

> A: 장 사원 기획 팀　B: 윤 사원 기획 팀　C: 홍 사원 기획 팀
> 1. (A ∨ B) → ~C
> 2. C
> ∴ ~B

2로 인해 1의 후건이 부정되어 '~A ∧ ~B'가 도출된다. 여기에서 연언지 단순화로 [~B]가 결론으로 도출된다.

09 부당

> A: 지동설   B: 행성 운동 설명   C: 주전원 가정
> 1. A → (B → C)
> 2. ~C
> ─────────
> ∴ ~B

후건 부정식을 1의 후건인 'B → C'에만 부분적으로 적용했기 때문에 부당하다. 함축 규칙을 복합 명제에 부분적으로만 적용해서는 안 된다.

10 타당

> A: 열 동력   B: 열 이동
> 1. A → B
> 2. A
> ─────────
> ∴ B

'오직 고온에서 저온으로 열의 이동이 발생할 때에만 열에서 동력을 얻을 수 있다'는 '열 이동[B]'이 '열 동력[A]'의 필요조건이 되므로 'A → B'로 기호화해야 한다. 여기서 [A]를 긍정하면 전건 긍정식에 의해 [B]가 결론으로 도출된다.

11 ① 1, 연언지 단순화
② 2, 3, 전건 긍정을 통한 타당한 결론 도출

12 ① 1, 3, 전건 긍정식(조건언 제거)
② 2, 4, 연언화(연언지 도입)
③ 부정 도입(모순적 결론 도출이므로, 가정된 p는 거짓임.)

보충 자료 2

01 ③

해설 3문단에 따르면, 모순율은 '~(p ∧ ~p)'로 표시된다. 이는 모든 명제 p에 대해서, p와 ~p가 동시에 참일 수 없다는 것이다. 하지만 '크지 않음'과 '작지 않음'은 동시에 참일 수도 있으므로 ~(p ∧ ~p)로 표시되는 모순율이 아니다.

오답 풀이 ① 동일률은 'A는 A이다.'로 표시되고, 동일률의 부정인 'p는 p가 아니다.'는 언제나 거짓인 모순율이라는 데에서 추론할 수 있다.
② 2문단의 '플라톤은 철학자이다.'에서 '정삼각형은 삼각형이다.'가 부분 동일률임을 추론할 수 있다.
④ '내일 비가 오거나 오지 않을 것이다.'는 'p ∨ ~p'로 표시되는 배중률이다. 마지막 문단에서 배중률은 상호 모순되는 명제 중 하나는 반드시 참임을 알 수 있다.

POINT 06 | 충분조건과 필요조건

연습하기 1

01 ㉠ 필요조건   ㉡ 충분조건

출전 최훈, 《논리는 나의 힘》

해설 'p이면 q이다'의 조건문에서 충분조건인 p가 성립만 하면 q가 된다. 필요조건인 q는 p를 입증하기 위해 필요한 요소이다. '단일화를 한다고 해서 ~ 단일화를 해야만 한다'는 '단일화 → 승리'는 성립하지 않지만 '승리 → 단일화'는 성립한다는 의미이다. 따라서 단일화는 승리의 필요조건(㉠)이지만, 충분조건(㉡)은 아님을 알 수 있다.

02 | 뇌 활동 증가 → 헤모글로빈 증가

① **참** 주어진 명제에 부합하는 내용이므로 참이다.
② **참** '~헤모글로빈 증가 → ~뇌 활동 증가'의 대우는 주어진 명제와 같으므로, 참이다.
③ **거짓** '오직 A여야만 B이다'는 'B → A'로 기호화하므로, '헤모글로빈 증가 → 뇌 활동 증가'이다. 따라서 거짓이다.

03 | A국 시민 특정 도시 → 정부의 허가

① **거짓** '정부의 허가 → A국 시민 특정 도시'로 기호화되므로, 거짓이다.
② **참** 주어진 명제에 부합하는 내용이므로 참이다.
③ **참** 조건문 'A → B'에서 B는 A의 필요조건, 즉 필수적 요건이다. 따라서 [정부의 허가]는 [A국 시민 특정 도시]의 필수적 요건이므로, 참이다.

04 | 지도자 판단 단념 → 국민 배신

① **참** 조건문 'A → B'에서 A는 B의 충분조건이다. 따라서 [지도자 판단 단념]은 [국민 배신]의 충분조건이므로, 참이다.
② **참** '~국민 배신 → ~지도자 판단 단념'의 대우는 주어진 명제와 같으므로, 참이다.
③ **거짓** '국민 배신 → 지도자 판단 단념'으로 기호화되므로, 거짓이다.

05 | 청소년 건강 → 올바른 식습관

① **거짓** '올바른 식습관 → 청소년 건강'으로 기호화되므로, 거짓이다.
② **참** 주어진 명제에 부합하는 내용이므로 참이다.
③ **참** '~올바른 식습관 → ~청소년 건강'의 대우는 주어진 명제와 같으므로, 참이다.

06 | 로봇 도입 → 업무 효율 상승

① **참** [업무 효율 상승]은 [로봇 도입]의 필요조건이므로, 참이다.
② **참** [로봇 도입]은 [업무 효율 상승]의 충분조건이므로, [로봇 도입]만으로도 [업무 효율 상승]이기 위해 충분하다는 것을 알 수 있다. 따라서 참이다.

07 '경제 원리라는 ~ 성공할 수 없다'는 '경제 원리 → 경제 정책 성공'이 성립하지 않는다는 의미이다.

① **참** [경제 원리]가 [경제 정책 성공]이기 위해 충분하지 않다는 의미이므로, 참이다.
② **참** [경제 원리]가 [경제 정책 성공]이기 위한 충분조건이 아니라는 것은 주어진 명제에 부합하는 내용이므로, 참이다.

연습하기 2

01 타당

> 1. 민우는 경찰서에서 일하거나 소방서에서 일할 것이다.
>   A   ∨   B
> 2. 민우가 경찰서에서 일한다면, 그는 긴급 출동하는 일이 잦을 것이다.
>   A   →   C
> 3. 그리고 그가 소방서에서 일한다 하더라도, 그는 긴급 출동하는 일이 잦을 것이다.
>   B   →   C
>
> 그러므로 민우는 긴급 출동하는 일이 잦을 것이다.
>   ∴ C

[기호화] 1. A ∨ B   2. A → C   3. B → C / ∴ C

단순 양도 논법(딜레마)에 의해 [C]가 결론으로 도출된다.

02 타당

> 1. 세금이 감소하면, 국민의 구매력이 늘 것이다.
>   A   →   B
> 2. 국민의 구매력이 늘지 못하면, 기업은 성장할 수 없다.
>   ~B   →   ~C
> 3. 세금이 감소하거나 또는 기업이 성장하는 상황이다.
>   A   ∨   C
>
> 따라서 국민의 구매력은 늘 것이다.
>   ∴ B

[기호화] 1. A → B   2. ~B → ~C   3. A ∨ C / ∴ B

2의 대우는 'C → B'이다. 이 사실과 1, 3에서 단순 양도 논법에 의해 [B]가 결론으로 도출된다.

03 부당

> 1. 박 팀장이 자신의 소관이 아닌 업무를 맡았다면, 그는 질책을 받아 마땅하다.
>   A   →   B
> 2. 박 팀장은 유능한 사원이었거나 또는 자신의 소관이 아닌 업무를 맡았다.
>   C   ∨   A
> 3. 박 팀장은 유능한 사원이었다.
>   C
>
> 따라서 그가 질책받아 마땅하다는 것은 옳지 않다.
>   ∴ ~B

[기호화] 1. A → B   2. C ∨ A   3. C / ∴ ~B

① [C]라고 하여, [~A]라고 볼 수 없다. 선언지 긍정의 오류를 범한 것이다.
② 만약 [~A]더라도, [~B]라고 할 수 없다. 전건 부정의 오류를 범한 것이다.

04 부당

> 1. 미로의 입구는 남쪽 방향에 있고, 지하 통로로 연결된다.
>   A   ∧   B
> 2. 입구가 지하 통로로 연결된다면, 입구 주변에는 함정이 설치되어 있을 것이다.
>   B   →   C
> 3. 입구 주변에 함정이 설치되어 있고 출구는 서쪽 방향에 있다면, 입구는 남쪽 방향에 있지 않다.
>   (C   ∧   D)   →   ~A
> 그러므로 출구는 서쪽 방향에 있는 게 틀림없다.
>   ∴ D

[기호화] 1. A ∧ B   2. B → C   3. (C ∧ D) → ~A / ∴ D

1에서 연언지 단순화로 [A], [B]가 도출된다. [B]로 인해 2의 전건이 긍정되어 [C]가 도출된다. 또한 [A]로 인해 3의 후건이 부정되어 '~C ∨ ~D'가 도출된다. 여기서 앞에서 도출된 [C]로 인해 선언지가 제거되어 [~D]가 도출되어야 하는데, [D]가 도출되었다.

05 타당

> 1. 나는 드레스를 구입하거나, 또는 정장을 구입하고 파티에 갈 것이다.
>   A   ∨   (B   ∧   C)
> 2. 나는 돈이 넉넉한 경우에만 드레스를 구입할 수 있다.
>   D   ←   A   •주의: A가 충분조건임.
> 3. 그런데 돈이 넉넉하다면, 파티에 갈 것이다.
>   D   →   C
> 그러므로 나는 파티에 갈 것이다.
>   ∴ C

[기호화] 1. A ∨ (B ∧ C)   2. A → D   3. D → C / ∴ C

2, 3으로부터 가언 삼단 논법에 의해 'A → C'가 도출된다. 이 사실과 1로부터 'C ∨ (B ∧ C)'가 도출된다. 이때 'B ∧ C'에서 연언지 단순화로 [C]가 도출될 수 있으므로, 결국 [C ∨ C], 즉 [C]가 도출된다. 따라서 타당한 논증이다.

06 부당

> 1. 윤지가 혼자 있는 것을 좋아한다면, 그녀는 독서를 좋아한다.
>   A   →   B
> 2. 윤지가 혼자 있는 것과 독서를 동시에 좋아하는 것은 아니다.
>   ~(A   ∧   B)
> 3. 그리고 윤지의 꿈이 작가가 아니라면, 그녀는 혼자 있는 것을 좋아하지 않거나 상상력이 풍부하지 않다.
>   ~C   →   (~A   ∨   ~D)
> 따라서 윤지의 꿈은 작가가 아니다.
>   ∴ ~C

[기호화] 1. A → B   2. ~(A ∧ B)   3. ~C → (~A ∨ ~D) / ∴ ~C

1의 대우는 '~B → ~A'이다. 2는 드모르간 법칙에 의해 '~A ∨ ~B'와 동치이다. 이는 교환 법칙에 의해 '~B ∨ ~A'와 동치이고, 또 단순 함축에 의해 'B → ~A'와 동치이다. 즉 1의 대우와 2에 따르면 [~B]가 참이든 [B]가 참이든 [~A]가 참으로 도출된다. 어느 경우이든 [~A]가 참인 것이다. 선언문은 선언지 중 하나만 참이어도 참이 되므로 [~A]로 인해 3의 후건이 긍정되지만 이로 인해 [~C]가 도출되지는 않는다. 이는 후건 긍정의 오류를 범한 것이므로, 부당한 논증이다.

07 타당

> 1. 도둑이 문으로 들어오지 않았다면, 범인은 내부자이다.
>   　　　　~A　　　　　　　　　B
> 2. 범인이 내부자라면, 도둑맞은 물건은 아직 이 안에 있다.
>   　　　B　　　　　　　　　　　C
> 3. 그러나 도둑이 문으로 들어왔다면, 그는 열쇠를 가지고 있었다.
>   　　　　A　　　　　　　　→　　　　D
> 4. 그가 열쇠를 가지고 있었다면, 범인은 내부자이다.
>   　　　D　　　　　　　→　　　B
> 따라서 도둑맞은 물건은 아직 이 안에 있다.
> 　　　　　　　　　∴ C

[기호화] 1. ~A → B　2. B → C　3. A → D　4. D → B / ∴ C
3, 4로부터 가언 삼단 논법에 의해 'A → B'가 도출된다. 이 사실과 1로부터 [A]이든 [~A]이든, [B]가 도출됨을 알 수 있다. 그러면 2의 전건이 긍정되어 [C]가 결론으로 도출된다.

08 타당

> 1. 김 주무관이 참여하면, 정책의 신뢰도가 올라간다.
>   　　　A　　　　→　　　　B
> 2. 윤 주무관이 참여하면, 정책의 예산이 늘어난다.
>   　　　C　　　　→　　　　D
> 3. 김 주무관 또는 윤 주무관이 참여한다.
>   　　A　　∨　　　C
> 4. 정책의 신뢰도가 올라가면, 윤 주무관이 참여한다.
>   　　　B　　　　→　　　C
> 5. 정책의 예산이 늘어나면, 홍 주무관이 참여한다.
>   　　　D　　　　→　　　E
> 그러므로 윤 주무관 또는 홍 주무관이 참여한다.
> 　∴　　　　C　　∨　　　E

[기호화] 1. A → B　2. C → D　3. A ∨ C　4. B → C　5. D → E / ∴ C ∨ E
1, 2, 3으로부터 양도 논법에 의해 'B ∨ D'가 도출된다. 이 사실과 4, 5로부터 다시 양도 논법에 의해 'C ∨ E'가 결론으로 도출된다.

연습 문제 — 명제 논리

01 ②

해설 '전제의 참이 결론의 참을 절대적으로 보장하는 논증'은 연역 논증이다.

㉠
> 1. 우리 부서 → 워크숍
> 2. 김 과장 → 우리 부서
> ∴ 김 과장 → 워크숍

1, 2에서 가언 삼단 논법에 의해 '김 과장 → 워크숍'이 도출된다. 따라서 전제가 참일 때, 결론도 반드시 참인 연역 논증이다.

㉣
> 1. 태풍 → ~여객선 운행
> 2. 여객선 운행
> ∴ ~태풍

조건문 1의 후건을 부정하여 전건 부정의 결론을 도출한 것이다. 따라서 전제가 참일 때, 결론도 반드시 참인 연역 논증이다.

오답 풀이 ㉡ 갑과 을 두 명의 예시를 모든 사람의 경우에 적용하여 일반화할 수는 없다. 따라서 결론이 참일 가능성은 있지만, 반드시 참이라고 할 수는 없는 귀납 논증이다.
㉢ A가 '대부분의 백화점'에 속하지 않을 가능성이 있으므로, 결론이 반드시 참이라고 할 수는 없다.

02 ④

해설 〈보기〉에서 동아리에 소속된 학생은 13명이고, 1년은 12달이다. 따라서 같은 달에 생일이 있는 학생이 적어도 2명은 있을 것이다. 즉 〈보기〉는 전제가 참일 때 결론이 필연적으로 참인 연역 논증이다. ④의 '여권이 없으면 해외에 갈 수 없다'는 '~여권 → ~해외'이며, 이는 이의 대우인 '해외 → 여권'과 동치이다. '박 사무관 해외 → 박 사무관 여권'은 전건을 긍정하여 후건 긍정의 결론을 도출한, 〈보기〉와 같은 연역 논증이다.

오답 풀이 ① A·B·C 고교의 전교 1등 3명의 예시로 D 고교의 전교 1등도 그럴 것이라고 예측한 것은, 필연적으로 참이라고 할 수는 없다.
② 내일이 음력 보름이므로, 보름달이 뜰 것이라는 결론은 참일 개연성이 높은 것이지, 필연적으로 참이라고 할 수는 없다.
③ □□ 대학이 ○○ 대학과 같은 구에 위치해 있다고 해도, ○○ 대학에 있는 학과가 없을 수 있다. 따라서 결론이 필연적으로 참이라고 할 수는 없다.

03 ③

해설 ㉠ '훈민은 논리 수업을 듣고 정음은 영어 수업을 듣는다'는 '훈민 논리 ∧ 정음 영어'로 기호화되는 연언문이다. 연언문은 연언지가 모두 참일 때에만 참이다. 따라서 [훈민 논리]가 참이어도 [정음 영어]가 거짓이면 '훈민 논리 ∧ 정음 영어'는 거짓이므로, 틀린 판단이다.
㉢ '훈민이 논리 수업을 들으면 정음은 영어 수업을 듣는다'는 '훈민 논리 → 정음 영어'로 기호화되는 조건문이다. 조건문이 거짓이 될 때는 전건이 참이고 후건이 거짓인 경우밖에 없다. 따라서 [훈민 논리]가 거짓이고 [정음 영어]가 참이면 '훈민 논리 → 정음 영어'는 참이므로, 틀린 판단이다.

오답 풀이 ㉡ '훈민이 논리 수업을 들으면 정음은 영어 수업을 듣는다'는 '훈민 논리 → 정음 영어'로 기호화되는 조건문이다. 따라서 [훈민 논리]가 거짓이고 [정음 영어]가 거짓이면 '훈민 논리 → 정음 영어'는 참이므로, 맞는 판단이다.

04 ②

해설 연언문은 연언지 모두가 참일 때 참이다. 따라서 '갑 ∧ 을'이 참이면 [갑]이 참이고, [을]도 참이다. '~갑 ∨ 을'은 선언문인데, 선언문은 선언지 중 하나만 참이어도 참이다. 따라서 '~갑 ∨ 을'은 반드시 참이다.

(오답 풀이) ① '갑 ∧ ~을'은 연언지 중 거짓이 있으므로, 거짓이다.
③ '갑 → ~을'은 전건이 참이고 후건이 거짓인 조건문이므로, 거짓이다.
④ '~갑 ∨ ~을'은 선언지가 모두 거짓인 선언문이므로, 거짓이다.

05 ②

(해설) 전제가 참일 때 결론이 반드시 참인 추론은 타당한 추론을 말한다.

㉠
> 1. 훈민 상반기 → 정음 하반기
> 2. ~정음 하반기
> ∴ ~훈민 상반기

2로 인해 1의 후건이 부정되어 [~훈민 상반기]가 도출된다.

㉡
> 1. 훈민 상반기 ∨ (정음 하반기 ∧ 용비 하반기)
> 2. ~훈민 상반기
> ∴ 정음 하반기 ∧ 용비 하반기

2로 인해 1의 선언지가 제거되어 '정음 하반기 ∧ 용비 하반기'가 도출된다.

(오답 풀이)
㉢
> 1. ~훈민 상반기 → 정음 상반기
> 2. 훈민 상반기
> ∴ ~정음 상반기

전건 부정의 오류를 범한 추론이다.

06 ③

(해설) 주어진 명제를 기호화하면 다음과 같다.

> 비 → 무릎 아픔

③은 '~비 → ~무릎 아픔'으로 기호화된다. 이는 주어진 명제에서 전건 부정의 오류를 범한 추론이므로, 주어진 명제와 논리적으로 동등한 관계가 아니다.

(오답 풀이)
①
> ~무릎 아픔 → ~비

주어진 명제의 대우에 해당하므로, 논리적으로 동등한 관계이다.

②
> ~비 ∨ 무릎 아픔

단순 함축에 의해 논리적으로 동등한 관계이다.

④
> ~(비 ∧ ~무릎 아픔)

단순 함축에 의해 논리적으로 동등한 관계이다.

07 ①

해설 ①을 기호화하면 다음과 같다.

> 1. ~(팀장 ∧ ~부장)
> 2. ~팀장 ∧ 부장

'~(팀장 ∧ ~부장)'은 드모르간 법칙에 의하면, '~팀장 ∨ 부장'과 동치 관계이지만 연언문인 '~팀장 ∧ 부장'과는 논리적으로 동등한 관계가 아닙니다.

오답 풀이

② > 대학원생 ≡ ~~대학원생

이중 부정이 사용된 동치 관계이다.

③ > 훈민 → 정음 ≡ ~훈민 ∨ 정음

'~훈민 ∨ 정음'은 단순 함축에 의해 '훈민 → 정음'과 동치 관계이다.

④ > (비 ∧ 번개) → 태풍 ≡ ~태풍 → (~비 ∨ ~번개)

대우 규칙이 적용된 동치 관계이다.

08 ③

해설 주어진 명제를 기호화하면 다음과 같다.

> 만점 → (복습 ∧ 검토 습관)

'~만점 → (~복습 ∨ ~검토 습관)'은 주어진 명제에서 전건 부정의 오류를 범한 논증이므로 주어진 명제와 논리적으로 동등한 관계가 아니다.

오답 풀이 ① '~만점 ∨ (복습 ∧ 검토 습관)'은 단순 함축에 의해 주어진 명제와 동치이다.
② 'p일 경우에만 q'라는 명제는 'q → p'로 기호화되므로 ②는 '만점 → (복습 ∧ 검토 습관)'으로 기호화된다. 즉 주어진 명제와 논리적으로 동등하다.
④ '(~복습 ∨ ~검토 습관) → ~만점'은 주어진 명제의 대우이다. 따라서 주어진 명제와 논리적으로 동등하다.

09 ④

해설 ④를 기호화하면 다음과 같다.

> 1. 정 공무원 → 정 관청 근무
> 2. 정 관청 근무
> ∴ 정 공무원

후건 긍정의 오류를 범한 추론이므로, 타당하지 않다.

오답 풀이

①
```
1. 갑 테니스 → 병 테니스
2. ~을 테니스 → ~병 테니스
∴ 갑 테니스 → 을 테니스
```

'왜냐하면' 이후의 내용이 전제임에 주의해야 한다. 1과, 2의 대우인 '병 테니스 → 을 테니스'로부터 가언 삼단 논법에 의해 '갑 테니스 → 을 테니스'가 도출된다.

②
```
1. ~참외 → ~수박
2. 수박
∴ 참외
```

2로 인해 1의 후건이 부정되어 [참외]가 도출된다.

③
```
1. (손맛 없음 ∨ ~예민한 미각) → ~맛있는 요리
2. 맛있는 요리
∴ 예민한 미각
```

2로 인해 1의 후건이 부정되면 전건 부정인 '~(손맛 없음 ∨ ~예민한 미각)'이 도출되고, 이는 드모르간 법칙에 의해 '~손맛 없음 ∧ 예민한 미각'과 동치이다. 여기서 연언지 단순화로 [예민한 미각]이 도출된다.

10 ②

해설 ②를 기호화하면 다음과 같다.

```
1. 상처 → 사과
2. ~상처
∴ ~사과
```

전건 부정의 오류를 범한 추론이므로, 타당하지 않다.

오답 풀이

①
```
1. 숲 ∨ 바다
2. 바다 → 위험
3. ~위험
∴ 숲
```

3으로 인해 2의 후건이 부정되어 [~바다]가 도출된다. 이로 인해 1에서 선언지가 제거되어 [숲]이 결론으로 도출된다.

③
```
1. 비 막음 → 방수
2. 추위 막음 → 온열
3. ~방수 ∨ ~온열
∴ ~비 막음 ∨ ~추위 막음
```

1의 대우인 '~방수 → ~비 막음'과 2의 대우인 '~온열 → ~추위 막음'과, 3으로부터 양도 논법에 의해 '~비 막음 ∨ ~추위 막음'이 도출된다.

④
```
1. 국민 → 국방
2. ~국방
∴ ~국민
```

2로 인해 1의 후건이 부정되어 [~국민]이 도출된다.

11 ③

해설 [진이의 논증]을 기호화하면 다음과 같다.

```
1. 아침 일찍 → 공부 잘함
2. ~수업 졺 → 공부 잘함
∴ 아침 일찍 → ~수업 졺
```

짝수도 정수, 홀수도 정수라고 하여 짝수는 홀수라고 이야기할 수는 없다. 이는 [진이의 논증]과 같은 형식이지만, 결론이 부당하다는 것이 명백하게 드러난다. 적절한 반례를 들어 [진이의 논증]을 받아들이지 못하는 이유를 설명하고 있으므로 현재의 평가가 가장 올바르다.

오답 풀이 ①·④ 부당한 논증인데도 받아들일 만하다고 잘못 평가하고 있다.

② 공부를 잘하는데도 수업 시간에 자주 조는 친구가 있다는 것은, 수업 시간에 졸지 않는 학생은 모두 공부를 잘한다는 전제와 동시에 참일 수 있다. 즉 영훈이 제시한 근거로는 [진이의 논증]에 사용된 전제가 거짓임이 밝혀지지 않는다.

12 ③

해설 제시문을 기호화하면 다음과 같다.

```
㉮ 인공 일반 지능 ∨ 인공 지능 쇠퇴
㉯ 인공 일반 지능 → (생활 편리 ∧ 직장 잃음)
㉰ 인공 지능 쇠퇴 → (직장 잃음 ∧ 경제 침체)
∴ □
```

㉮, ㉯, ㉰에서 양도 논법을 통해 '(생활 편리 ∧ 직장 잃음) ∨ (직장 잃음 ∧ 경제 침체)'가 도출된다. 이는 분배 법칙에 따라 '직장 잃음 ∧ (생활 편리 ∨ 경제 침체)'와 논리적 동치이며, 여기서 연언지 단순화로 [직장 잃음]이 도출된다.

따라서 '많은 사람이 직장을 잃는다'가 빈칸에 들어갈 결론으로 가장 적절하다.

오답 풀이 ①·② '직장 잃음 ∧ (생활 편리 ∨ 경제 침체)'에서 연언지 단순화로 '생활 편리 ∨ 경제 침체'를 도출할 수 있을 뿐이다. [생활 편리], [경제 침체] 각각의 참·거짓 여부는 알 수 없다.

④ '생활 편리 ∨ 경제 침체'를 도출할 수 있을 뿐 '생활 편리 ∧ 경제 침체'를 도출할 수는 없다.

13 ①

해설 주어진 진술을 기호화하면 다음과 같다.

```
1. 갑 제주도 → ~을 제주도
2. ~을 제주도 → ~병 휴가
3. 병 휴가
```

3으로 인해 2의 후건이 부정되어 [을 제주도]가 도출된다. 이로 인해 1의 후건도 부정되어 [~갑 제주도]가 도출된다.

따라서 '갑이 제주도 출장을 가지 않는다'가 반드시 참이다.

14 ①

해설 주어진 진술을 기호화하면 다음과 같다.

> 1. (친구 ∨ 선생님) → 커피
> 2. 친구 ∨ 선배
> 3. ~커피

3으로 인해 1의 후건이 부정되어 '~(친구 ∨ 선생님)'이 도출된다. 이는 드모르간 법칙에 의해 '~친구 ∧ ~선생님'과 동치이고, 여기서 연언지 단순화로 [~친구], [~선생님]이 도출된다. [~친구]로 인해 2의 선언지가 제거되어 [선배]가 도출된다.

따라서 '영희는 선배를 만났다'가 반드시 참이다.

15 ④

해설 제시문을 기호화하면 다음과 같다.

> 1. 갑 글쓰기 ∨ 을 글쓰기
> 2. 을 글쓰기 → (병 말하기 ∧ 병 듣기)
> 3. (병 말하기 ∧ 병 듣기) → 정 읽기
> 4. ~정 읽기
> ─────────────────
> ∴ 갑 ▭

4로 인해 3의 후건이 부정되어 '~(병 말하기 ∧ 병 듣기)'가 도출된다. 이로 인해 2의 후건도 부정되어 [~을 글쓰기]가 도출되고, 그러면 1에서 선언지가 제거되어 [갑 글쓰기]가 결론으로 도출된다.

따라서 '〈글쓰기〉'가 빈칸에 들어갈 말로 가장 적절하다.

16 ④

해설 주어진 진술을 기호화하면 다음과 같다.

> 1. 오 주무관 → 박 주무관
> 2. 박 주무관 → 홍 주무관
> 3. ~홍 주무관 → ~공 주무관

1과 2에서 가언 삼단 논법에 따라 '오 주무관 → 홍 주무관'이 도출되고, 이것의 대우인 '~홍 주무관 → ~오 주무관'은 논리적 동치이다.

따라서 '홍 주무관이 회의에 참석하지 않으면, 오 주무관도 참석하지 않는다'는 반드시 참이다.

오답풀이 ① 3의 대우는 '공 주무관 → 홍 주무관'이다. 2인 '박 주무관 → 홍 주무관'도 고려할 때, [공 주무관]이나 [박 주무관]일 경우 [홍 주무관]임을 알 수 있다. 하지만 [공 주무관]과 [박 주무관]의 관계는 알 수 없다.

② 1과 2에서 가언 삼단 논법에 따라 '오 주무관 → 홍 주무관'이 도출되므로 반드시 참은 아니다.

③ 2의 대우인 '~홍 주무관 → ~박 주무관'과 3인 '~홍 주무관 → ~공 주무관'을 고려할 때, [~홍 주무관]인 경우, [~박 주무관], [~공 주무관]임을 알 수 있다. 하지만 [~박 주무관]이면 [공 주무관]인지는 알 수 없다.

17 ②

(해설) ㉠~㉣을 기호화하면 다음과 같다.

> ㉠ 소설 → 에세이
> ㉡ 사회 과학서 → ~에세이
> ㉢ 소설 ∨ 신문 칼럼
> ㉣ 사회 과학서

㉣로 인해 ㉡의 전건이 긍정되어 [~에세이]가 도출된다. 이로 인해 ㉠의 후건이 부정되어 [~소설]도 도출된다. 그러면 ㉢에서 선언지가 제거되어 [신문 칼럼]이 도출된다.

따라서 [사회 과학서], [~에세이], [~소설], [신문 칼럼]이므로, '신문 칼럼을 읽는다'가 맞는 선택이다.

18 ③

(해설) 주어진 대화를 기호화하면 다음과 같다.

> 1. ~봄
> 2. 가을 → ~여름
> 3. 봄 ∨ 가을
> 4. ~여름 → 겨울

1로 인해 3에서 선언지가 제거되어 [가을]이 도출된다. 이로 인해 2의 전건이 긍정되어 [~여름]이 도출되고, 그러면 4의 전건도 긍정되어 [겨울]이 도출된다.

따라서 [~봄], [~여름], [가을], [겨울]이므로, 철수와 영희가 바다에 갈 계절은 '가을, 겨울'이다.

19 ①

(해설) ㉠~㉢을 기호화하면 다음과 같다.

> ㉠ 법학 → ~철학
> ㉡ ~법학 → ~철학
> ㉢ ~경제학 → 철학

㉠과 ㉡에 따르면, [법학]이든 [~법학]이든 [~철학]이다. 이로 인해 ㉢의 후건이 부정되어, [경제학]이 도출된다.

따라서 선재가 반드시 수강해야 할 과목은 '경제학'이다.

20 ③

(해설) ㉠~㉣을 기호화하면 다음과 같다.

> ㉠ 상철 ∨ 현우
> ㉡ ~상철 → 민서
> ㉢ 상철 → ~지연
> ㉣ 지연

㉣로 인해 ㉢의 후건이 부정되어 [~상철]이 도출된다. 이로 인해 ㉡의 전건이 긍정되어 [민서]가 도출된다. 또한 [~상철]로 인해 ㉠에서 선언지가 제거되어 [현우]도 도출된다.

따라서 [지연], [~상철], [민서], [현우]이므로, 승진하게 되는 사람은 총 '3명'이다.

21 ②

해설 ㉠~㉣을 기호화하면 다음과 같다.

> ㉠ 리더십 ∨ ~직무
> ㉡ ~공직 가치 → 외국어
> ㉢ 리더십 → ~공직 가치
> ㉣ ~외국어

㉣로 인해 ㉡의 후건이 부정되어 [공직 가치]가 도출된다. 이로 인해 ㉢의 후건도 부정되어 [~리더십]이 도출된다. 그러면 ㉠에서 선언지가 제거되어 [~직무]가 도출된다.

따라서 [~외국어], [공직 가치], [~리더십], [~직무]이므로 진행되는 교육은 '공직 가치 교육'이다.

22 ②

해설 ㉠~㉣을 기호화하면 다음과 같다.

> ㉠ 포도
> ㉡ ~사과 → 감
> ㉢ ~사과 ∨ ~포도
> ㉣ 배 → (사과 ∧ 감)

㉠으로 인해 ㉢에서 선언지가 제거되어 [~사과]가 도출된다. 이로 인해 ㉡의 전건이 긍정되어 [감]이 도출된다. 또한 [~사과]로 인해 ㉣의 후건이 부정되어 [~배]가 도출된다.

따라서 [포도], [~사과], [감], [~배]이므로, 수출하는 품목은 '2개'이다.

23 ①

해설 제시문을 기호화하면 다음과 같다.

> 1. ~을
> 2. 병 ∨ 을
> 3. ~정 ∨ 갑
> 4. 갑 → 을

1로 인해 2에서 선언지가 제거되어 [병]이 도출된다. 또한 1로 인해 4의 후건이 부정되어 [~갑]이 도출되고, 이로 인해 3에서 선언지가 제거되어 [~정]이 도출된다.

따라서 [~갑], [~을], [병], [~정]이므로, A 부서에 배정될 사람은 '병'이다.

24 ③

해설 ㉠~㉣을 기호화하면 다음과 같다.

> ㉠ ~전주 → 청주
> ㉡ ~(전주 ∧ 창원)
> ㉢ ~청주
> ㉣ ~강릉 → 창원

㉡은 드모르간 법칙에 따라 '~전주 ∨ ~창원'과 동치이다. ㉢으로 인해 ㉠의 후건이 부정되어 [전주]가 도출된다. 그러면 ㉡에서 선언지가 제거되어 [~창원]이 도출되고, 이로 인해 ㉣의 후건이 부정되어 [강릉]이 도출된다.

따라서 [~청주], [전주], [~창원], [강릉]이므로, 분점이 생길 곳은 '전주, 강릉'이다.

25 ②

해설 주어진 조건을 기호화하면 다음과 같다.

> 1. 밀
> 2. 옥수수 ∨ 콩
> 3. 귀리 → ~밀
> 4. ~옥수수 ∨ ~콩

1로 인해 3의 후건이 부정되어 [~귀리]가 도출된다. 또한 2는 [옥수수]와 [콩] 가운데 적어도 하나가 참임을 뜻하고, 4는 둘 모두가 참인 것은 아님을 뜻한다. 따라서 [옥수수]와 [콩]은 둘 중 단 하나만이 참인, 배타적 선언 관계임을 알 수 있다.
따라서 수입하는 품목은 [밀]을 포함해, '2개'이다.

26 ④

해설 주어진 계획을 기호화하면 다음과 같다.

> 1. 스키 ∨ 아이스하키
> 2. 컬링 → ~아이스하키
> 3. 스키 → 봅슬레이

[아이스하키]라면, 2의 후건이 부정되어 [~컬링]이 도출될 뿐이다. [스키]와 [봅슬레이]의 참·거짓은 알 수 없다.
따라서 '아이스하키 → ~봅슬레이'는 반드시 참이라고는 할 수 없다.

오답 풀이 ① [컬링]이라면 2의 전건이 긍정되어 [~아이스하키]가 도출된다. 이로 인해 1에서 선언지가 제거되어 [스키]가 도출된다. 따라서 '컬링 → 스키'는 참이다.
② [~봅슬레이]라면 3의 후건이 부정되어 [~스키]가 도출된다. 이로 인해 1의 선언지가 제거되어 [아이스하키]가 도출된다. 따라서 '~봅슬레이 → 아이스하키'는 참이다.
③ 1과, 2의 대우, 3으로부터 양도 논법에 의해 '~컬링 ∨ 봅슬레이'가 도출된다. 이는 교환 법칙에 의해 '봅슬레이 ∨ ~컬링'과 동치이다. 따라서 참이다.

27 ③

해설 주어진 대화를 기호화하면 다음과 같다.

> 1. 셋째 주 목요일 ∨ 넷째 주 목요일
> 2. ☐
> 3. 셋째 주 목요일 → 홍보 포스터
> ∴ 홍보 포스터

주어진 결론인 [홍보 포스터]를 도출하려면, 3의 전건이 긍정되어야 하므로 [셋째 주 목요일]이 필요하다. [셋째 주 목요일]은 1에서 선언지인 [넷째 주 목요일]을 제거하면 도출할 수 있다.
따라서 [~넷째 주 목요일], 즉 '다음 달 넷째 주 목요일에 개최할 수 없습니다'가 빈칸에 들어갈 말로 가장 적절하다.

오답 풀이 ① [넷째 주 목요일]이 추가되면 1에서 선언지를 제거할 수 없으므로 주어진 결론을 도출할 수 없다.
② [~셋째 주 목요일]이 추가되면 1에서 선언지가 제거되어 [넷째 주 목요일]이 도출될 뿐이다. 이는 주어진 결론과 다르다.
④ '넷째 주 목요일 → ~홍보 포스터'가 추가되면 1, 3과 연결되어 '홍보 포스터 ∨ ~홍보 포스터'가 도출될 뿐이다. 이는 주어진 결론과 다르다.

28 ①

출전 2013 민경채 PSAT, 지문 발췌

해설 제시문을 기호화하면 다음과 같다.

> 1. 테러 → 국방비
> 2. ~국방비 ∨ 증세
> 3. 증세 → 경제 침체
> 4. ☐
> ∴ 경제 침체

[방식 1] 1의 대우인 '~국방비 → ~테러'와, 2와 3으로부터 양도 논법에 따라 '~테러 ∨ 경제 침체'가 도출된다. 여기서 [경제 침체]를 결론으로 도출하려면 선언지가 제거되어야 하므로 [테러]가 필요하다.

따라서 추가되어야 할 전제는 '국제적으로 테러가 증가한다'이다.

[방식 2] [경제 침체]를 결론으로 도출하려면, 3에서 전건을 긍정해야 하므로 [증세]가 필요하다. [증세]는 2에서 선언지가 제거되면 도출되므로 [국방비]가 필요하다. 그리고 [국방비]는 1의 전건이 긍정되면 도출되므로 [테러]가 필요하다.

따라서 추가되어야 할 전제는 '국제적으로 테러가 증가한다'이다.

29 ②

해설 콜롬보의 진술을 기호화하면 다음과 같다.

> 1. ~범행 → 친구
> 2. ~(친구 ∧ ~집)
> 3. ☐ ㉠ ☐
> ∴ 범행

결론인 [범행]을 도출하기 위해서는 1의 후건이 부정되어야 하므로 [~친구]가 필요하다. 2는 드모르간 법칙에 의해 '~친구 ∨ 집'과 동치인데, 여기서 선언지가 제거되면 [~친구]가 도출되므로, [~집]이 필요하다.

따라서 '당신이 어제 집에 있지 않았다는'이 ㉠에 들어가야 적절하다.

30 ②

해설 제시문을 기호화하면 다음과 같다.

> 1. 휴가 → 꽃등심
> 2. 휴가 ∨ 근무
> 3. ☐
> ∴ 꽃등심 ∨ 방어회

양도 논법에 의해 '휴가 ∨ 근무'인 경우, '휴가 → 꽃등심'이고 '근무 → 방어회'이면 '꽃등심 ∨ 방어회'가 결론으로 도출된다.

따라서 추가해야 할 전제는 '황 주무관이 다음 주에 근무를 하면 방어회를 먹을 것이다'이다.

31 ④

해설 제시문을 기호화하면 다음과 같다.

> 1. 1번 → 서울
> 2. 서울 → (종점 출발 ∧ 탑승 지연)
> 3. _____
> ∴ ~1번

1과 2에서 가언 삼단 논법에 의해 '1번 → (종점 출발 ∧ 탑승 지연)'이 도출된다. 여기서 결론인 [~1번]을 도출하려면 후건이 부정되어야 하므로 '~(종점 출발 ∧ 탑승 지연)'이 필요하다. '~(종점 출발 ∧ 탑승 지연)'은 드모르간 법칙에 의해 '~종점 출발 ∨ ~탑승 지연'과 동치이다. 이는 선언문이므로 선언지 중 하나만 참이어도 참이 된다.

따라서 [~탑승 지연]인 '기차의 탑승 시간은 지연되지 않았을 것이다'가 추가로 필요한 진술이다.

32 ②

해설 제시문을 기호화하면 다음과 같다.

> 1. ~진석 → 민수
> 2. 민수 → ~성빈 (*둘 중 한 사람만 태희를 좋아하므로, 민수가 좋아하면 성빈은 좋아하지 않음.)
> 3. 유리 → 성빈
> 4. _____
> ∴ 진석

결론인 [진석]을 도출하려면, 1의 후건이 부정되어야 하므로 [~민수]가 필요하다. [~민수]를 도출하려면 2의 후건이 부정되어야 하므로 [성빈]이 필요하다. 'A인 경우에만 B'는 'B → A'로 기호화하므로 '성빈이 태희를 좋아할 경우에만 유리는 태희를 좋아해'는 '유리 → 성빈'으로 기호화한다. [성빈]을 도출하려면 3의 전건이 긍정되어야 하므로 [유리]가 필요하다.

따라서 '유리가 태희를 좋아한다'라는 전제가 보충되어야 한다.

오답 풀이 ① 2의 대우 명제일 뿐이다.

③·④ 2에 따라 [민수]면 [~성빈]이 도출된다. 그러면 3의 대우인 '~성빈 → ~유리'를 통해 [~유리]만 도출할 수 있고, 주어진 결론을 도출할 수 없다.

33 ②

해설 '오직 만 18세 이상만이 대통령 선거 투표를 할 수 있다'는 '대통령 투표 → 만 18세 이상'으로 기호화된다. 따라서 [만 18세 이상]은 [대통령 투표]의 필요조건이다.

오답 풀이 ① '~사원증 → ~회사 출입'은 '회사 출입 → 사원증'과 동치이다. 따라서 [사원증]은 [회사 출입]의 충분조건이 아니라, 필요조건이다.

③ '상쾌한 날씨 → 푸른 하늘'과 '맑은 공기 → 상쾌한 날씨'로부터 가언 삼단 논법에 의해 '맑은 공기 → 푸른 하늘'이 도출된다. '푸른 하늘 → 맑은 공기'는 여기서 후건 긍정의 오류를 범한 진술이므로 타당하지 않다.

④ '전기 자동차 → 배터리'이지 '배터리 → 전기 자동차'는 아니라는 것이다. '~전기 자동차 → ~배터리'는 '전기 자동차 → 배터리'에서 전건 부정의 오류를 범한 진술이므로 타당하지 않다.

34 ①

해설 양질의 수면이 집중력을 높이기 위해 충분한 조건이라면, '양질의 수면 → 집중력'으로 기호화할 수 있다. 그러나 이를 통해 '~양질의 수면 → ~집중력'을 도출할 수는 없다. 이는 전건 부정의 오류를 범한 것이다.

오답풀이 ② '보건증을 발급받지 않은 사람은 취업할 수 없다'는 '취업 → 보건증'으로 기호화할 수 있다. 따라서 보건증을 발급받는 것은 취업을 위한 필요조건이다.
③ '건강 유지 → 꾸준한 운동'과 '식습관 균형 → 건강 유지'로부터 가언 삼단 논법에 의해 '식습관 균형 → 꾸준한 운동'이 도출된다.
④ '행복한 노후 → (좋은 인간관계 ∧ 건강한 신체)'의 대우인 '(~좋은 인간관계 ∨ ~건강한 신체) → ~행복한 노후'는 참이다.

35 ③

출전 2022 지방직 7급, 지문 발췌 및 수정

해설 밝은색 옷의 오토바이 운전자는 더 쉽게 알아볼 수 있지만, 그렇다고 하여 모든 자동차 운전자가 밝은색 옷의 오토바이 운전자를 다 알아볼 수는 없다. 이는 바라본다고 하여 항상 인지할 수 있는 것은 아니라는 말이다. '바라봄 → 인지'(×).
따라서 [바라봄]은 [인지]의 충분조건이 될 수 없다.

오답풀이 ①·④ 제시문에서는 '바라봄 → 인지'가 사실이 아니라고만 하고 있다. 즉 바라보는 행위가 인지의 충분조건이 될 수 없는 것은 맞으나, 필요조건이 될 수 없다고는 할 수 없다.
② 함축 관계를 나타내는 조건이 될 수 없다면 충분조건, 필요조건, 필요충분조건 모두 될 수 없다. 그러나 바라보는 행위가 인지의 필요조건이 될 수 없다고는 할 수 없다.

PART 2 | 정언 논리

POINT 08 정언 논리 ②: 대당 사각형

연습하기

01　① 반대　동시에 참이 될 수 없음.
　　② 소반대　동시에 거짓이 될 수 없음.
　　③ 함축　전칭이 참이면 특칭은 참, 특칭이 거짓이면 전칭은 거짓
　　④ 모순　동시에 참과 거짓이 될 수 없음.

02　① ㉠ 반대　㉡ 동시에 참　㉢ 동시에 거짓
　　② 함축
　　③ 모순
　　④ ㉠ 함축　㉡ 참
　　⑤ ㉠ 반대　㉡ 참
　　⑥ ㉠ 소반대　㉡ 동시에 참　㉢ 동시에 거짓
　　⑦ 참　함축 관계이므로 전칭이 참이면 특칭도 참이다.
　　⑧ 거짓　모순 관계이므로 참이면 거짓, 거짓이면 참이다.
　　⑨ 거짓　반대 관계이므로 동시에 참일 수는 없다.
　　⑩ 참　소반대 관계이므로 동시에 거짓일 수는 없다.

03　① 거짓　전칭 부정 명제와 특칭 긍정 명제는 모순 관계이므로, 동시에 참일 수도 없고, 동시에 거짓일 수도 없다. 따라서 거짓이다.
　　② 거짓　전칭 긍정 명제와 전칭 부정 명제는 반대 관계이므로, 동시에 참일 수는 없다. 따라서 거짓이다.
　　③ 참　전칭 부정 명제와 특칭 부정 명제는 함축 관계이므로, 전칭이 참이면 특칭은 무조건 참이다. 따라서 참이다.
　　④ 알 수 없음　특칭 부정 명제와 전칭 부정 명제는 함축 관계이므로, 특칭이 참일 때 전칭의 참·거짓은 알 수 없다. 따라서 알 수 없다.
　　⑤ 참　특칭 긍정 명제와 특칭 부정 명제는 소반대 관계이므로, 동시에 거짓일 수는 없다. 따라서 참이다.
　　⑥ 맞는 판단　전칭 긍정 명제와 전칭 부정 명제는 반대 관계이므로, 동시에 참일 수가 없다.
　　⑦ 틀린 판단　특칭 긍정 명제와 전칭 긍정 명제는 함축 관계이므로, 특칭이 참이면 전칭의 참·거짓은 알 수 없다.
　　⑧ 맞는 판단　전칭 부정 명제와 전칭 긍정 명제는 반대 관계이므로, 동시에 참일 수가 없다.
　　⑨ 맞는 판단　특칭 긍정 명제와 전칭 부정 명제는 모순 관계이므로, 동시에 참일 수도 없고, 동시에 거짓일 수도 없다.
　　⑩ 틀린 판단　특칭 부정 명제와 특칭 긍정 명제는 소반대 관계이다. 동시에 거짓은 안 되지만 동시에 참은 될 수 있으므로, 특칭 부정 명제가 거짓이면 특칭 긍정 명제는 참이어야 한다.

POINT 09 | 정언 논리 ③: 다이어그램

연습하기

01 ①

[해설] 가와 나의 표준 정언 명제를 기호화하면, 가는 '노인 복지a ∧ ~일자리a', 나는 '공직 → 일자리'이다. 그리고 나에 대우 규칙을 적용하면 '~일자리 → ~공직'이다. [~일자리]가 중복되므로 가와 나는 '(노인 복지a ∧ ~일자리a) → ~공직'이 된다. 즉 노인 복지에 관심이 있고 일자리에 관심이 없으면서 공직에 관심이 없는 사람이 적어도 한 명은 있다는 의미이다. 따라서 '노인 복지에 관심이 있는 어떤 사람(노인 복지a)은 공직에 관심이 있는 사람이 아니다(~공직a)'이므로 ①이 정답이다.

POINT 10 | 정언 논리 ④: 정언 삼단 논법

연습하기

*괄호 안이 매개념임.

01 대전제: 모든 식물을 키우는 사람은 (비 오는 날을 좋아하는 사람)이다.
소전제: 모든 야구 선수는 (비 오는 날을 좋아하는 사람)이 아니다.
결론: 모든 야구 선수는 식물을 키우는 사람이 아니다.

02 대전제: 어떤 (우리 모임 회원)은 공무원인 사람이다.
소전제: 모든 (우리 모임 회원)은 경제학과 출신인 사람이다.
결론: 어떤 경제학과 출신인 사람은 공무원인 사람이다.

03 대전제: 모든 친절한 사람은 (배려심이 많은 사람)이다.
소전제: 모든 (배려심이 많은 사람)은 계산적인 사람이 아니다.
결론: 모든 계산적인 사람은 친절한 사람이 아니다.

04 대전제: 어떤 (영어 성적이 좋은 학생)은 수학 성적이 좋은 학생이 아니다.
소전제: 모든 (영어 성적이 좋은 학생)은 국어 성적이 좋은 학생이다.
결론: 따라서 어떤 국어 성적이 좋은 학생은 수학 성적이 좋은 학생이 아니다.

05 대전제: 모든 철수가 본 책은 (영희가 본 책)이 아니다.
소전제: 어떤 민수가 본 책은 (영희가 본 책)이다.
결론: 어떤 민수가 본 책은 철수가 본 책이 아니다.

06 01

> 1. 식물 → 비
> 2. 야구 선수 → ~비
> ─────────────
> ∴ 야구 선수 → ~식물

1의 대우인 '~비 → ~식물'과 2로부터 가언 삼단 논법에 의해 '야구 선수 → ~식물'이 도출된다. 따라서 타당한 논증이다.

> 02
> 1. 우리 모임 → 경제학과
> 2. 우리 모임a ∧ 공무원a
> ∴ 경제학과a ∧ 공무원a

2에서 연언지 단순화로 [우리 모임a], [공무원a]가 도출된다. [우리 모임a]로 인해 1의 전건이 긍정되어 [경제학과a]가 도출되고, 이를 [공무원a]와 연언화하면, '경제학과a ∧ 공무원a'가 도출된다. 따라서 타당한 논증이다.

> 03
> 1. 친절 → 배려심
> 2. 배려심 → ~계산적
> ∴ 계산적 → ~친절

1과 2에서 가언 삼단 논법에 의해 '친절 → ~계산적'이 도출되고, 이는 대우인 '계산적 → ~친절'과 동치이다. 따라서 타당한 논증이다.

> 04
> 1. 영어 → 국어
> 2. 영어a ∧ ~수학a
> ∴ 국어a ∧ ~수학a

2에서 연언지 단순화로 [영어a], [~수학a]가 도출된다. [영어a]로 인해 1의 전건이 긍정되어 [국어a]가 도출되고, 이를 [~수학a]와 연언화하면 '국어a ∧ ~수학a'가 도출된다. 따라서 타당한 논증이다.

> 05
> 1. 철수 → ~영희
> 2. 민수a ∧ 영희a
> ∴ 민수a ∧ ~철수a

2에서 연언지 단순화로 [영희a], [민수a]가 도출된다. [영희a]로 인해 1의 후건이 부정되어 [~철수a]가 도출되고, 이를 [민수a]와 연언화하면, '민수a ∧ ~철수a'가 도출된다. 따라서 타당한 논증이다.

연습 문제   정언 논리

01 ③

해설 ㉠ 전칭 부정 명제이다. 전칭 부정 명제가 참이라고 전제하고 ㉡과 ㉢을 판단하면 된다.
㉡ 특칭 긍정 명제이다. 둘은 동시에 참도, 거짓도 될 수 없는 모순 관계이다. 따라서 ㉠이 참이면 ㉡은 항상 거짓이다.
㉢ 전칭 긍정 명제이다. 둘은 동시에 거짓일 수는 있지만 동시에 참일 수는 없는, 반대 관계이다. 따라서 ㉠이 참이면 ㉢은 항상 거짓이다.

02 ③

해설 ㉡은 전칭 부정 명제, ㉢은 특칭 긍정 명제이다. 전칭 부정 명제와 특칭 긍정 명제는 모순 관계이므로 둘이 동시에 참이거나, 동시에 거짓일 수는 없다. 따라서 옳은 추론이다.

오답 풀이 ① ㉠은 전칭 긍정 명제, ㉡은 전칭 부정 명제이다. 전칭 긍정 명제와 전칭 부정 명제는 반대 관계이므로, 둘이 동시에 참일 수는 없지만 동시에 거짓일 수는 있다. 따라서 이를 반대로 말한 추론은 옳지 않다.
② ㉢은 특칭 긍정 명제, ㉣은 특칭 부정 명제이다. 특칭 긍정 명제와 특칭 부정 명제는 소반대 관계이므로, 둘이 동시에 참일 수는 있지만 동시에 거짓일 수 없다. 따라서 ㉢이 참이면 ㉣은 알 수 없고, ㉢이 거짓이면 ㉣은 참이다.
④ ㉠은 전칭 긍정 명제, ㉢은 특칭 긍정 명제이다. 전칭 긍정 명제와 특칭 긍정 명제는 함축 관계이므로, 전칭 긍정 명제가 참이면 특칭 긍정 명제는 무조건 참이다. 그리고 함축 관계에서 특칭이 거짓일 때 전칭은 항상 거짓이다. 따라서 ㉢이 거짓이면 ㉠은 알 수 없다는 것은 잘못된 추론이다.

03 ②

해설 ㉠ 반대 관계를 뜻한다. 전칭 긍정 명제와 전칭 부정 명제의 관계가 반대 관계이다.
㉮ Ⅰ은 전칭 긍정 명제이고, Ⅱ는 전칭 부정 명제이다. 둘은 동시에 참일 수는 없지만 동시에 거짓일 수는 있는 반대 관계이다.
㉯ 두 명제는 동시에 참일 수는 없다. 그러나 만약 그 에펠탑이 한국 서울에 있다고 가정하면, 두 명제는 동시에 거짓일 수 있다. 즉 둘은 반대 관계이다.

오답 풀이 ㉰ Ⅰ은 특칭 부정 명제이고, Ⅱ는 특칭 긍정 명제이다. 둘은 동시에 참일 수 있지만 동시에 거짓일 수는 없는 소반대 관계이다.

04 ③

해설 ㉠ '미국 국회의 어떤 의원은 썩어 빠졌다'는 특칭 긍정 명제이고, 수정된 ㉡ '미국 국회의 어떤 의원은 썩어 빠지지 않았다'는 특칭 부정 명제이다. 특칭 긍정 명제와 특칭 부정 명제는 소반대 관계이므로, 동시에 거짓은 될 수 없지만 동시에 참은 될 수 있다. 즉 수정된 내용인 '미국 국회의 어떤 의원은 썩어 빠지지 않았다'라는 판단이 참이라고 해서 '미국 국회의 어떤 의원은 썩어 빠졌다'라는 판단이 거짓이라는 것을 의미하지는 않는 것이다.
따라서 마크 트웨인의 수정은 실상 여전히 국회 의원들을 비판하는 의미를 담고 있는 것이지 자신의 의견을 번복한 것이 아니다.

05 ②

출전 안젤리카 레이스, 〈잠언에 담긴 진리… "반짝이는 것이 모두 금은 아니다"〉, 《에포크타임스》(2024. 4. 6.), 수정

해설 ㉠은 '어떤 반짝이는 것은 금이 아니다'라는 진술이고, ㉡은 '어떤 금은 반짝이는 것이 아니다'라는 진술이다. 둘은 주어와 술어의 자리가 반대인 특칭 부정 명제이다. 그런데 특칭 부정 명제는 환위했을 때 동치가 아니다. 어떤 반짝이는 것은 금이 아니라고 하여, 어떤 금은 반짝이지 않는 것인지 알 수 없다. 따라서 ㉠이 참일 때 ㉡도 참이라고 할 수 없다.

오답 풀이 ① ㉠은 특칭 부정 명제이고 '반짝이는 것은 모두 금이다'는 전칭 긍정 명제이다. 특칭 부정 명제와 전칭 긍정 명제는 모순 관계이므로, 둘은 동시에 참일 수도 거짓일 수도 없다. 따라서 ㉠이 참일 때 '반짝이는 것은 모두 금이다'는 반드시 거짓이다.
③ ㉡은 특칭 부정 명제이고 '모든 금은 반짝인다'는 전칭 긍정 명제이다. 특칭 부정 명제와 전칭 긍정 명제는 모순 관계이므로, 둘은 동시에 참일 수도 거짓일 수도 없다. 따라서 ㉡이 참일 때 '모든 금은 반짝인다'는 반드시 거짓이다.

④ ⓒ은 특칭 부정 명제이고 '어떤 금은 반짝인다'는 특칭 긍정 명제이다. 특칭 부정 명제와 특칭 긍정 명제는 소반대 관계이므로, 둘은 동시에 거짓일 수 없다. 따라서 ⓒ이 거짓일 때 '어떤 금은 반짝인다'는 반드시 참이다.

06 ①

해설 제시문을 기호화하면 다음과 같다.

> 가 축구 잘함 → 머리 좋음
> 나 축구 잘함a ∧ 키 작음a
> ∴ ☐

나에서 연언지 단순화로 [축구 잘함a], [키 작음a]가 도출된다. [축구 잘함a]로 인해 가의 전건이 긍정되어 [머리 좋음a]가 도출되고, 이를 [키 작음a]와 연언화하면 '머리 좋음a ∧ 키 작음a'가 도출된다. 이것은 교환 법칙에 의해 '키 작음a ∧ 머리 좋음a'와 동치이다.
따라서 '키가 작은 어떤 사람은 머리가 좋다'가 빈칸에 들어가야 적절하다.

07 ②

해설 제시문을 기호화하면 다음과 같다.

> 가 영업부 → 판촉
> 나 기혼a ∧ ~판촉a
> ∴ ☐

나에서 연언지 단순화로 [기혼a], [~판촉a]가 도출된다. [~판촉a]로 인해 가의 후건이 부정되어 [~영업부a]가 도출되고, 이를 [기혼a]와 연언화하면 '~영업부a ∧ 기혼a'가 도출된다.
따라서 '영업부가 아닌 어떤 직원은 기혼이다'가 결론으로 적절하다.

오답 풀이 ①·④ 전제에 특칭 명제가 있으므로 결론이 전칭 명제일 수는 없다.

08 ①

해설

ⓐ
> 1. A 베이커리 → 천연 재료
> 2. 화학 첨가물 → ~천연 재료
> ∴ A 베이커리 → ~화학 첨가물

1과, 2의 대우인 '천연 재료 → ~화학 첨가물'로부터 가언 삼단 논법에 의해 'A 베이커리 → ~화학 첨가물'이 도출된다.

ⓑ
> 1. 전산 오류 → 운영 오류
> 2. 정상 작동a ∧ ~운영 오류a
> ∴ 정상 작동a ∧ ~전산 오류a

2에서 연언지 단순화로 [정상 작동a], [~운영 오류a]가 도출된다. [~운영 오류a]로 인해 1의 후건이 부정되어 [~전산 오류a]가 도출되고, 이를 [정상 작동a]와 연언화하면 '정상 작동a ∧ ~전산 오류a'가 도출된다.

오답 풀이

ⓒ
> 1. 사랑 → 정열적
> 2. 지혜a ∧ ~사랑a
> ──────────────
> ∴ 지혜a ∧ ~정열적a

'그러므로'와 '왜냐하면'에 주의해야 한다. 2와 결론에 모두 [지혜a]가 있으므로 [~사랑a]를 [~정열적a]로 바꿀 수 있어야 한다. 그런데 1의 대우는 '~정열적 → ~사랑'이므로 [~사랑a]를 [~정열적a]로 바꾸는 것이 불가능하다. 따라서 타당하지 않은 논증이다.

09 ②

해설 제시문을 기호화하면 다음과 같다.

> 1. 노인 복지 → ~출산 장려 반대
> 2. ~노인 복지 → ~간병비 지원 찬성
> ──────────────
> ∴ ☐

1과, 2의 대우인 '간병비 지원 찬성 → 노인 복지'로부터 가언 삼단 논법에 의해 '간병비 지원 찬성 → ~출산 장려 반대'가 도출된다. 이는 대우인 '출산 장려 반대 → ~간병비 지원 찬성'과 동치이다.

따라서 '출산 장려 정책에 반대하는 모든 사람은 간병비 지원 정책에 찬성하지 않는다'가 빈칸에 들어갈 결론으로 적절하다.

오답 풀이 ① 앞에서 '간병비 지원 찬성 → ~출산 장려 반대'가 도출되었으므로 '간병비 지원 찬성 → 출산 장려 반대'는 거짓이다.
③ '노인 복지 → 간병비 지원 찬성'은 2에서 전건 부정의 오류를 범한 추론이다.

10 ③

해설 ③을 기호화하면 다음과 같다.

> 1. 당뇨병a ∧ ~디저트a
> 2. 당뇨병 → 혈당 높음
> ──────────────
> ∴ 혈당 높음a ∧ ~디저트a

1에서 연언지 단순화로 [당뇨병a], [~디저트a]가 도출된다. [당뇨병a]로 인해 2의 전건이 긍정되어 [혈당 높음a]가 도출되고, 이를 [~디저트a]와 연언화하면 '혈당 높음a ∧ ~디저트a'가 도출된다.

오답 풀이 삼단 논법의 타당성을 증명하는 방법에는 여러 가지가 있다. 여기서는 '주연'의 개념을 통해 삼단 논법의 타당성을 빠르게 판단하는 방법을 사용하였다.

①
> 1. 야구 선수a ∧ 골프a
> 2. 야구 선수a ∧ 복싱a
> ──────────────
> ∴ 골프a ∧ 복싱a

매개념인 [야구 선수a]가 적어도 한 번은 주연되어야 하는데, 그러지 않았다. 따라서 매개념 부주연의 오류를 범한 것이다.

②
> 1. 된장찌개 → 한식
> 2. 양식 → ~된장찌개
> ──────────────
> ∴ 양식 → ~한식

정답과 해설 29

전제에서 주연되지 않은 개념은 결론에서 주연될 수 없다. 그런데 대개념인 [한식]이 결론에서만 주연되고, 전제에서는 주연되지 않았다. 따라서 대개념 부당 주연의 오류를 범한 것이다.

④
> 1. 수학a ∧ 생물학a
> 2. 외계인 믿음 → ~수학
> ∴ 외계인 믿음a ∧ 생물학a

두 전제 중 하나가 부정 명제이면 결론은 부정 명제가 되어야 한다. 따라서 부당 긍정의 오류를 범한 것이다.

11 ③

해설 ③을 기호화하면 다음과 같다.

> 1. 어학 → 선발
> 2. ~직무 → ~선발
> ∴ 어학 → 직무

1과, 2의 대우인 '선발 → 직무'로부터 가언 삼단 논법에 의해 '어학 → 직무'가 도출된다. 따라서 전제가 참이면 결론이 참인 논증이다.

오답 풀이

①
> 1. 공직자 → (자신감 ∧ 예의)
> 2. 자신감a ∧ ~공직자a
> ∴ 자신감a ∧ ~예의a

2와 결론에 모두 [자신감a]가 있으므로 '~공직자 → ~예의'인지를 파악하면 된다. 그러나 1로부터 이를 알 수 없으므로 전제가 참일 때 결론이 반드시 참인지는 알 수 없다.

②
> 1. (갑 ∧ 을) → 싸움
> 2. ~싸움
> ∴ ~갑 ∧ ~을

2로 인해 1의 후건이 부정되면 '~갑 ∨ ~을'이 도출된다. 이는 주어진 결론과 다르므로, 적절하지 않다.

④
> 1. 사회 → 공직
> 2. 사회 → 봉사 정신
> ∴ 봉사 정신 → 공직

1과 2는 연결될 수 없으므로, '봉사 정신 → 공직'이 타당한지는 알 수 없다. 또한 [봉사 정신]이라는 소개념이 결론에서만 주연된 소개념 부당 주연의 오류를 범한 논증이다.

PART 3 | 술어 논리

POINT 11 | 술어 논리

연습하기

01 타당

> 1. 과일 → 썩음
> 2. 사과 → 과일
> ∴ 사과 → 썩음

1, 2에서 가언 삼단 논법에 의해 '사과 → 썩음'이 도출된다.

02 타당

> 1. 고양이 → 포유류
> 2. 동물a ∧ 고양이a
> ∴ 동물a ∧ 포유류a

2에서 연언지 단순화로 [동물a], [고양이a]가 도출된다. [고양이a]로 인해 1의 전건이 긍정되어 [포유류a]가 도출되고, 이를 [동물a]와 연언화하면 '동물a ∧ 포유류a'가 도출된다.

03 부당

> 1. 미래a ∧ 영원a
> 2. 연인 → 미래
> ∴ 영원a ∧ 연인a

1에서 연언지 단순화로 [미래a], [영원a]가 도출된다. 하지만 2에서 [미래a]를 긍정하면 후건 긍정의 오류가 되어 [연인a]를 도출할 수 없다.

04 부당

> 1. ~편리 → ~의미
> 2. ~쓸모 → ~의미
> ∴ 쓸모 → 편리

1의 대우와 2의 대우에서 각각 '의미 → 편리'와 '의미 → 쓸모'를 알 수 있다. 그러나 '쓸모 → 편리'인지는 알 수 없다.

05 타당

> 1. 멸종 위기종a ∧ 동물 보호a
> 2. 동물 보호 → 출입 제한
> ∴ 출입 제한a ∧ 멸종 위기종a

1에서 연언지 단순화로 [멸종 위기종a], [동물 보호a]가 도출된다. [동물 보호a]로 인해 2의 전건이 긍정되어 [출입 제한a]가 도출되고, 이를 [멸종 위기종a]와 연언화하면 '멸종 위기종a ∧ 출입 제한a'가 도출된다. 이는 교환 법칙에 의해 '출입 제한a ∧ 멸종 위기종a'와 같다.

06 타당

```
1. 계약a ∧ ~법적 구속력a
2. 의무 → 법적 구속력
─────────────────────
∴ ~의무a ∧ 계약a
```

1에서 연언지 단순화로 [계약a], [~법적 구속력a]가 도출된다. [~법적 구속력a]로 인해 2의 후건이 부정되어 [~의무a]가 도출되고, 이를 [계약a]와 연언화하면 '계약a ∧ ~의무a'가 도출된다. 이는 교환 법칙에 의해 '~의무a ∧ 계약a'와 동치이다.

07 부당

```
1. 아침 일찍 일어남 → ~지각
2. 늦게 잠 → ~아침 일찍 일어남
─────────────────────
∴ 늦게 잠 → 지각
```

삼단 논법의 두 전제는 모두 부정 명제일 수 없다는 오류를 범한 논증이다.

08 타당

```
1. 실업 급여 → 고용 보험
2. 근로자a ∧ ~고용 보험a
─────────────────────
∴ 근로자a ∧ ~실업 급여a
```

2에서 연언지 단순화로 [근로자a], [~고용 보험a]가 도출된다. [~고용 보험a]로 인해 1의 후건이 부정되어 [~실업 급여a]가 도출되고, 이를 [근로자a]와 연언화하면 '근로자a ∧ ~실업 급여a'가 도출된다.

09 부당

```
1. 식구 적음a ∧ ~집안 행사 많음a
2. A동a ∧ 식구 적음a
─────────────────────
∴ A동a ∧ ~집안 행사 많음a
```

전제가 모두 특칭 명제일 때는 결론을 도출할 수 없다.

10 부당

```
1. 정책 입안자 → 사회 제도
2. 사회 제도a ∧ ~과학자a
─────────────────────
∴ 과학자a ∧ ~정책 입안자a
```

매개념인 [사회 제도]가 적어도 한 번은 주연되어야 하는데, 그러지 않았으므로 매개념 부주연의 오류를 범한 논증이다.

POINT 12 | 논리의 오류

연습하기

01 성급한 일반화의 오류
국어 성적만으로 혜림의 성적 전체를 판단하고 있으므로, 성급한 일반화의 오류를 범한 것이다. 성급한 일반화의 오류란 불충분한 통계 자료, 제한된 정보, 대표성을 결여한 자료 등을 부당하게 이용하여 특수한 사례를 일반화한 오류이다.

02 흑백 사고의 오류
손을 든 사람은 반대이고 손을 들지 않는 사람은 찬성이라고 단정하고 있으므로, 흑백 사고의 오류를 범한 것이다. 흑백 사고의 오류란 논의되는 집합의 원소가 세 개 이상인데 두 개밖에 없다고 판단하는 오류이다.

03 무지에 호소하는 오류
전기 저항이 0인 물질을 발견하지 못했다는 이유로 그런 물질은 없다고 단정하고 있으므로, 무지에 호소하는 오류를 범한 것이다. 무지에 호소하는 오류란 증명할 수 없거나 알 수 없는 사실을 근거로 들어 자신의 주장을 정당화하는 오류이다.

04 대중에 호소하는 오류
사형 제도에 찬성한 국민의 비율이 높다는 것을 근거로 사형 제도가 정당하다고 주장하고 있으므로, 대중에 호소하는 오류를 범한 것이다. 대중에 호소하는 오류란 논지를 따르는 대중의 규모에 비추어 참 주장하거나, 대중의 편견 등을 자극하여 자신의 주장을 받아들이게 하는 오류이다.

05 전건 부정의 오류
'~싫어함 → 데리러 옴'에서 '싫어함 → ~데리러 옴'의 결론을 도출하고 있으므로, 전건 부정의 오류를 범한 것이다. 전건 부정의 오류란 조건문에서 전건을 부정하여 후건 부정의 결론을 도출하는 오류이다.

06 분할의 오류
남녀의 일반적인 특징을 개인에게 그대로 적용하고 있으므로, 분할의 오류를 범한 것이다. 분할의 오류란 집합이 어떤 성질을 지니고 있다는 내용의 전제로부터 그 집합의 각각의 원소들 역시 개별적으로 그 성질을 지니고 있다는 결론을 도출하는 오류이다.

07 인신공격의 오류
범죄 경력이 있다는 이유로 그의 말 전체에 대한 신뢰도를 결정짓고 있으므로, 인신공격의 오류를 범한 것이다. 인신공격의 오류란 어떤 사람의 인품, 성격, 직업, 과거의 행적 등을 빌미로 그 사람을 공격하는 오류이다.

08 범주의 오류
선생님의 범주를 잘못 판단한 것이므로, 범주의 오류를 범한 것이다. 범주의 오류란 단어의 범주를 잘못 인식한 데서 생기는 오류이다.

09 의도 확대의 오류
흡연 행위에 죽고 싶다는 의도가 있다고 판단한 것이므로, 의도 확대의 오류를 범한 것이다. 의도 확대의 오류란 의도하지 않은 행위의 결과에 대해 의도가 작용했다고 판단하는 오류이다.

10 후건 긍정의 오류
조건문 '삼촌 약속 지킴 → 우리 놀이공원 감'에서 '우리 놀이공원 감 → 삼촌 약속 지킴'의 결론을 도출하고 있으므로, 후건 긍정의 오류를 범한 것이다. 후건 긍정의 오류란 조건문에서 후건을 긍정하여 전건을 긍정하는 오류이다.

11 잘못된 인과 관계의 오류
새 시장이 선출된 일과 사고가 발생한 것을 선후 관계가 아닌 인과 관계로 판단한 것이므로, 잘못된 인과 관계의 오류를 범한 것이다. 잘못된 인과 관계의 오류란 두 사건이 단순히 시간상으로 선후 관계인 것을 인과 관계로 잘못 판단하는 오류이다.

12 발생학적 오류
러시아 사람이니 러시아의 나쁜 점을 갖고 있다고 판단한 것이므로, 발생학적 오류를 범한 것이다. 발생학적 오류란 어떤 대상의 기원이 갖는 속성을 그 대상 역시 갖고 있다고 추측하는 오류이다.

13 순환 논증의 오류
분열은 화합으로 극복할 수 있다는 말을 말만 바꾸어 되풀이하고 있으므로, 순환 논증의 오류를 범한 것이다. 순환 논증의 오류란 증명하고자 하는 결론이 참인 근거는 전제에 의존하고, 그 전제가 참인 근거는 결론에 의존하여 순환적으로 논증하게 되는 오류이다.

14 논점 일탈의 오류
우리 사회는 대학이 유능한 기능인을 길러 주기 원한다는 논지에서 이탈하여 대학이 권력의 시녀가 되어서는 안 된다는 결론을 내리고 있으므로, 논점 일탈의 오류를 범한 것이다. 논점 일탈의 오류란 관계없는 문제들을 거론하여 논쟁을 회피하거나 본래 논의되던 논지와 무관한 결론을 이끌어 내는 오류이다.

15 주의를 딴 데로 돌리는 오류
원래의 논지는 농약 사용에 대한 것이었는데 채소나 과일이 지닌 가치에 대해 주의를 돌리고 있으므로, 주의를 딴 데로 돌리는 오류를 범한 것이다. 주의를 딴 데로 돌리는 오류란 상대방의 주의를 성공적으로 딴 데로 돌리기 위해서 흥미로운 화젯거리나 원래 주제와 미묘하게 연결된 내용으로 주제를 변경하는 오류이다.

연습 문제   술어 논리

01 ①

(해설) 제시문을 기호화하면 다음과 같다.

> 가 노인 복지a ∧ ~일자리a
> 나 공직 → 일자리
> ∴ ☐

가에서 연언지 단순화로 [노인 복지a], [~일자리a]가 도출된다. [~일자리a]로 인해 나의 후건이 부정되어 [~공직a]가 도출되고, 이를 [노인 복지a]와 연언화하면 '노인 복지a ∧ ~공직a'가 도출된다.

따라서 '노인 복지에 관심이 있는 사람 중 일부는 공직에 관심이 있는 사람이 아니다'가 결론으로 가장 적절하다.

02 ②

(해설) [철수의 논증]을 기호화하면 다음과 같다.

> 1. 정치가a ∧ 야망a
> 2. 야망 → ~게으름
> ∴ 정치가a ∧ ~게으름a

[철수의 논증]에서 전제들이 참이라고 가정하자. 그러면 1에서 연언지 단순화로 [정치가a], [야망a]가 도출된다. [야망a]로 인해 2의 전건이 긍정되어 [~게으름a]가 도출되고, 이를 [정치가a]와 연언화하면 '정치가a ∧ ~게으름a'가 도출된다.

따라서 [철수의 논증]은 전제들이 참이라면 결론도 참이 되므로 [철수의 논증]을 받아들일 수 있다는 현규의 평가가 올바르다.

(오답 풀이) ①·③ 제시된 논증에서 '정치가a ∧ ~게으름a'가 참으로 도출된다고, '정치가 → ~게으름'이 참이라고 말할 수는 없다. 특칭 명제가 참이라고 해서 전칭 명제를 참으로 단정할 수는 없다.
④ 타당한 논증인데도 받아들일 수 없다고 잘못 평가하고 있다.

03 ②

(해설) 제시문을 기호화하면 다음과 같다.

> ㉠ ~정의 → ~법학가
> ㉡ 법학가a ∧ 평등a
> ∴   ㉢

㉡에서 연언지 단순화로 [법학가a], [평등a]가 도출된다. [법학가a]로 인해 ㉠의 후건이 부정되어 [정의a]가 도출되고, 이를 [평등a]와 연언화하면 '정의a ∧ 평등a'가 도출된다.

따라서 ㉢에는 '정의의 가치를 존중하는 사람 중 일부는 평등의 가치를 존중한다'가 들어가야 적절하다.

04 ①

해설 제시문을 기호화하면 다음과 같다.

> ㉠ 자유로운 삶 → ~형식에 얽매임
> ㉡ ~주체적 → 형식에 얽매임
> ∴ [㉢]

㉠과, ㉡의 대우인 '~형식에 얽매임 → 주체적'에서 가언 삼단 논법에 의해 '자유로운 삶 → 주체적'이 도출된다.
따라서 ㉢에는 '자유로운 삶을 추구하는 사람은 모두 주체적이다'가 들어가야 적절하다.

05 ②

해설

> ㉡
> 1. ~접촉 → ~유용
> 2. 100도 → ~접촉
> ∴ 유용 → ~100도

1, 2로부터 가언 삼단 논법에 의해 '100도 → ~유용'이 도출되고, 이의 대우는 '유용 → ~100도'이다.

오답 풀이

> ㉠
> 1. ~술 → 온전한 정신
> 2. 운동선수a ∧ 온전한 정신a
> ∴ 운동선수a ∧ ~술a

2에서 연언지 단순화로 도출된 [온전한 정신a]가 1의 후건에 있으므로 주어진 전제에서 '운동선수a ∧ ~술a'라는 결론은 도출되지 못한다.

보충 매개념인 [온전한 정신]이 한 번도 주연되지 않았다. 따라서 매개념 부주연의 오류를 범한 논증이다.

> ㉢
> 1. 사유 → 행위
> 2. ~행위 → ~자유 의지
> ∴ 사유 → 자유 의지

1, 2는 가언 삼단 논법으로 연결되지 못하므로 주어진 전제에서 '사유 → 자유 의지'라는 결론은 도출되지 못한다.

06 ②

해설 ㉠~㉢을 기호화하면 다음과 같다.

> ㉠ 이성 → 덕
> ㉡ ~덕a ∧ 불행a
> ㉢ ~불행a ∧ 덕a

㉡에서 연언지 단순화로 [~덕a], [불행a]가 도출된다. [~덕a]로 인해 ㉠의 후건이 부정되어 [~이성a]가 도출되고, 이를 [불행a]와 연언화하면 '~이성a ∧ 불행a'가 도출된다.
따라서 '이성적이지 않은 어떤 사람은 불행한 사람이다'는 반드시 참이다.

오답 풀이 ① ㉠에서 전건 부정의 오류를 범한 추론이다.
④ 앞에서 도출된 '~이성a ∧ 불행a'가 참인지는 알 수 있지만, '~이성 → 불행'이 참인지는 알 수 없다.

07 ②

해설 제시문을 기호화하면 다음과 같다.

> 1. 김 팀장 → 박 팀장
> 2. 박 팀장 → 황 팀장
> 3. 김 팀장a ∧ ~윤 팀장a

1, 2에서 가언 삼단 논법에 따라 '김 팀장 → 황 팀장'이 도출된다. 또한 3에서는 연언지 단순화로 [김 팀장a], [~윤 팀장a]가 도출된다. [김 팀장a]로 인해 '김 팀장 → 황 팀장'의 전건이 긍정되어 [황 팀장a]가 도출되고, 이를 [~윤 팀장a]와 연언화하면 '황 팀장a ∧ ~윤 팀장a'가 도출된다. 따라서 '황 팀장이 찬성한 어떤 안건은 윤 팀장이 찬성하지 않은 안건이다'가 빈칸에 들어가야 적절하다.

오답 풀이 ① 앞에서 도출된 '김 팀장 → 황 팀장'에서 전건 부정의 오류를 범한 추론이다.
④ 1과 3을 연결하여 '박 팀장a ∧ ~윤 팀장a'를 도출할 수 있다. 그러나 '윤 팀장a ∧ ~박 팀장a'가 참인지는 알 수 없다.

08 ③

해설 제시문을 기호화하면 다음과 같다.

> 1. 염세적 → 냉소적
> 2. 낙천적 → ~냉소적
> 3. 냉소적 → ~비판적
> 4. ~낙천적 → 염세적

ⓒ 1과 3에서 가언 삼단 논법에 따라 '염세적 → ~비판적'이 도출된다. 따라서 반드시 참이다.
ⓒ 1의 대우인 '~냉소적 → ~염세적'과, 2에서 가언 삼단 논법에 의해 '낙천적 → ~염세적'이 도출된다. 따라서 반드시 참이다.

오답 풀이 ㉠ '낙천적 → 비판적'이 참인지 거짓인지는 알 수 없다.

09 ④

해설 주어진 명제를 기호화하면 다음과 같다.

> 1. 국민 → 국방
> 2. 국민a ∧ ~선거 중립a
> 3. 청렴 → 선거 중립

2에서 연언지 단순화로 [국민a], [~선거 중립a]가 도출된다. [~선거 중립a]로 인해 3의 후건이 부정되어 [~청렴a]가 도출되고, 이를 [국민a]와 연언화하면 '국민a ∧ ~청렴a'가 도출된다. 또한 1이 참이므로, 이의 특칭 명제인 '국민a ∧ 국방a'도 참임을 알 수 있다.
따라서 '어떤 국민은 국방의 의무를 지며, 청렴의 의무는 지지 않는다'가 결론으로 타당하다.

오답 풀이 ① 2가 참이라고 해서 '국민 → ~선거 중립'이 참인지는 알 수 없다. 특칭 부정 명제가 참일 때 전칭 부정 명제의 참과 거짓은 알 수 없다.
② 1과 2로부터 '국방a ∧ ~선거 중립a'가 도출될 뿐이다. '국방a ∧ 선거 중립a'가 참인지는 알 수 없다.
③ 앞에서 도출된 '국민a ∧ ~청렴a'가 참임을 알 수 있을 뿐이다. '국민a ∧ 청렴a'가 참인지는 알 수 없다.

10 ①

(해설) 주어진 명제를 기호화하면 다음과 같다.

> 1. 속독a ∧ 기억력a
> 2. 책a ∧ 기억력a
> 3. 책 → 집중력

2에서 연언지 단순화로 [책a], [기억력a]가 도출된다. [책a]로 인해 3의 전건이 긍정되어 [집중력a]가 도출되고, 이를 [기억력a]와 연언화하면 '집중력a ∧ 기억력a'가 도출된다.

따라서 '집중력도 좋고 기억력도 좋은 사람이 존재한다'가 타당한 결론이다.

(오답 풀이) ② 2를 통해 '책a ∧ ~기억력a'가 참인지는 알 수 없다.

11 ②

(해설) 주어진 대화를 기호화하면 다음과 같다.

> 1. 논리학a ∧ 심리학a
> 2. ~경제학 → ~심리학
> ∴ ㉠

2의 대우는 '심리학 → 경제학'이다. 따라서 '논리학a ∧ (심리학 → 경제학)'이므로 '논리학a ∧ 심리학a'인 학생은 [경제학a]임을 알 수 있다.

따라서 '논리학, 심리학, 경제학을 모두 수강한 학생이 있겠네'가 ㉠에 들어갈 말로 적절하다.

(오답 풀이) ① '논리학a ∧ 경제학a'는 알 수 있지만 '논리학a ∧ ~경제학a'는 알 수 없다.

③ '논리학a ∧ 경제학a'는 교환 법칙에 따라 '경제학a ∧ 논리학a'와 논리적 동치이다. 그러나 이것이 참일 때 '경제학 → 논리학'이 참인지는 알 수 없다. 특칭 긍정 명제가 참일 때 전칭 긍정 명제의 참·거짓은 알 수 없기 때문이다.

12 ②

(해설) 제시문을 기호화하면 다음과 같다.

> 1. 마라톤 → (식단 조절 ∨ 근력 운동)
> 2. 근력 운동 → 건강
> 3. ☐
> ∴ 마라톤 → 건강

[방식 1] 2와, '식단 조절 → 건강'을 1에 적용하면 '마라톤 → [(식단 조절 → 건강) ∨ (근력 운동 → 건강)]', 즉 '마라톤 → (건강 ∨ 건강)'이 도출된다. 이는 주어진 결론인 '마라톤 → 건강'과 동치이다.

따라서 '식단을 조절하는 사람은 모두 건강하다'를 추가해야 한다.

[방식 2] 1과 결론의 전건이 모두 [마라톤]이므로, '(식단 조절 ∨ 근력 운동)'과 [건강]을 이어주면 된다. 즉 '(식단 조절 ∨ 근력 운동) → 건강'이 추가되면 1과 가언 삼단 논법에 의해 결론인 '마라톤 → 건강'이 도출된다. 그런데 '(식단 조절 ∨ 근력 운동) → 건강'은 '(식단 조절 → 건강) ∧ (근력 운동 → 건강)'과 동치이다. 여기서 연언지 단순화로 '식단 조절 → 건강'과 '근력 운동 → 건강'이 도출되는데, 후자는 이미 2에 있으므로 '식단 조절 → 건강'을 추가하면 된다.

따라서 '식단을 조절하는 사람은 모두 건강하다'를 추가해야 한다.

(오답 풀이) ① '건강 → 식단 조절'이 추가되면 2와 가언 삼단 논법에 의해 '근력 운동 → 식단 조절'이 도출된다. 이를 1에 적용하면 '마라톤 → (식단 조절 ∨ 식단 조절)', 즉 '마라톤 → 식단 조절'이 도출된다. 이는 주어진 결론과 다르다.

③ '식단을 조절하는 사람 중에 근력 운동을 하는 사람은 없다'는 '식단 조절 → ~근력 운동'으로 기호화된다. 그러면 1, 2에서 '마라톤 → (~근력 운동 ∨ 건강)'이 도출된다. 이는 주어진 결론과 다르다.
④ '(식단 조절 ∧ 근력 운동) → 건강'은 1과 가언 삼단 논법으로 연결되지 않는다. 1의 후건은 선언문이고 '식단 조절 ∧ 근력 운동'은 연언문으로, 둘은 서로 같지 않기 때문이다.

13 ③

(해설) 주어진 대화를 기호화하면 다음과 같다.

> 1. 공무원 → 공인
> 2. 공인 → 사명감
> 3. ____㉠____
> ∴ ~공무원 → ~사명감

1, 2에서 가언 삼단 논법에 의해 '공무원 → 사명감'이 도출된다. 결론인 '~공무원 → ~사명감'은 여기서 전건 부정의 오류를 범한 것이므로, 도출될 수 없다. 그러나 '사명감 → 공무원'이 추가되면, 후건 부정식을 적용하여 '~공무원 → ~사명감'이 도출된다.
따라서 '공인으로서의 사명감을 가질 의무가 있는 사람은 모두 공무원이다'가 ㉠에 들어갈 말로 적절하다.
(오답 풀이) ① '공인a ∧ ~사명감a'는 2와 모순 관계이므로, 동시에 참일 수 없다. 따라서 ㉠에 들어갈 말로 적절하지 않다.
② '공무원 → ~사명감'은 1, 2에서 도출된 '공무원 → 사명감'과 반대 관계이므로, 동시에 참일 수 없다. 따라서 ㉠에 들어갈 말로 적절하지 않다.
④ '~사명감 → ~공무원'은 1, 2에서 도출된 '공무원 → 사명감'의 대우로, 전제의 동어 반복일 뿐이다.

14 ①

(해설) 제시문을 기호화하면 다음과 같다.

> 1. 문학 → 자연
> 2. 자연a ∧ 예술a
> 3. _____
> ∴ 예술a ∧ 문학a

교환 법칙에 따라 연언지의 순서를 바꾸면 결론은 '문학a ∧ 예술a'이므로, 전제에서 결론을 도출하기 위해서는 [자연]과 [문학] 개념의 관계가 밝혀지면 된다. 전제 2에 '자연a ∧ 예술a'가 있으므로 '자연 → 문학'을 추가하면 '예술a ∧ 문학a'가 도출된다.
따라서 추가해야 할 전제는 '자연의 아름다움을 좋아하는 사람은 모두 문학을 좋아하는 사람이다'이다.

15 ③

(해설) 제시문을 기호화하면 다음과 같다.

> ㉮ ~경영학과a ∧ 지방 본가a
> ㉯ _____
> ∴ 지방 본가a ∧ 예비역a

[지방 본가a]는 ㉮와 결론에 모두 있으므로, [~경영학과a]와 [예비역a]를 연결하면 된다. ㉮와 결론이 모두 특칭 명제이므로 ㉯는 반드시 전칭 명제이어야 한다. 즉 '~경영학과 → 예비역'이라는 전제가 ㉯에 들어가야 한다.
따라서 '경영학과가 아닌 학생은 모두 예비역이다'가 ㉯에 들어갈 말로 가장 적절하다.
(오답 풀이) ① '지방 본가 → 예비역'이 추가되면, ㉮와 연결되어 '~경영학과a ∧ 예비역a'가 도출되는데, 이는 주어진 결론이 아니다.

16 ④

해설 제시문을 기호화하면 다음과 같다.

> 전제 1. ☐
> 전제 2. A 부서a ∧ 출장a
> ─────────────
> 결론. 기획 회의a ∧ A 부서a

[A 부서a]가 전제 2와 결론에 모두 있으므로, [출장a]와 [기획 회의a]를 연결해 주어야 한다. 전제 2와 결론이 모두 특칭 명제이므로 전제 1은 반드시 전칭 명제이어야 한다. 즉 '출장 → 기획 회의'라는 전제가 필요한데, 선택지에는 이의 대우인 '~기획 회의 → ~출장'이 있다.

따라서 '기획 회의를 준비하지 않는 직원은 모두 다음 주에 출장을 가지 않는다'가 전제 1에 들어가야 한다.

17 ③

해설 제시문을 기호화하면 다음과 같다.

> 1. 수학 → ~국어
> 2. 국어a ∧ ~영어a
> 3. ☐
> ∴ 영어a ∧ ~수학a

1의 대우인 '국어 → ~수학'과 결론에 모두 [~수학a]가 있으므로, [국어a]와 [영어a]를 연결해 주면 된다. '국어a ∧ 영어a'가 있으면 1의 대우와 연결되어 '~수학a ∧ 영어a'를 도출할 수 있다.

따라서 '국어 수업을 듣는 어떤 사람은 영어 수업을 듣는 사람이다'를 추가해야 한다.

18 ②

해설 주어진 대화를 기호화하면 다음과 같다.

> 1. 신입a ∧ 동계 연수a
> 2. ㉠
> ∴ ~신년회a ∧ 신입a

1과 결론에 동일하게 [신입a]가 있으므로, [동계 연수a]와 [~신년회a]를 연결해 주면 된다. 1과 결론이 모두 특칭 명제이므로 추가될 전제는 반드시 전칭 명제이어야 한다. 따라서 '동계 연수 → ~신년회'라는 전제가 있어야 함을 알 수 있다.

따라서 '동계 연수에 참여한 사람은 모두 신년회에 참여하지 않았다'가 ㉠에 들어가야 적절하다.

오답 풀이 ①·④ 전제가 모두 특칭이면 결론을 도출할 수 없으므로 적절하지 않다.
③ '신년회 → 동계 연수'는 1과 연결될 수 없다.

19 ④

해설 제시문을 기호화하면 다음과 같다.

> 1. 예능 → 즐거움
> 2. 예능a ∧ 감동a
> 3. ☐
> ∴ 완성도 높음a ∧ 감동a

1, 2로부터 '(예능 → 즐거움) ∧ 감동a'가 도출된다. 이를 통해 결론인 '완성도 높음a ∧ 감동a'를 도출하기 위해서는 [예능a]와 [완성도 높음a]를

연결하거나 [즐거움a]와 [완성도 높음a]를 연결하면 된다. 즉 '예능 → 완성도 높음' 혹은 '즐거움 → 완성도 높음'이 필요하다.

따라서 '사람들을 즐겁게 하는 것은 모두 완성도가 높은 프로그램이다'를 추가해야 한다.

오답풀이 ①·③ 주어진 전제에 [완성도 높음a]가 없으므로 '완성도 높음 → 즐거움', '완성도 높음 → 예능'이 들어가면 주어진 결론을 도출할 수 없다.

② '예능a ∧ 완성도 높음a'는 1과 연결되어 '즐거움a ∧ 완성도 높음a'만 도출할 수 있을 뿐이다.

20 ①

해설 제시문을 기호화하면 다음과 같다.

```
1. 월요일a ∧ 수요일a
2. 화요일 → 목요일
3. ☐
∴ 월요일a ∧ 목요일a
```

1과 결론에 모두 [월요일a]가 있으므로 [수요일a]와 [목요일a]를 연결해 주면 된다. 따라서 '수요일 → 목요일'이 있어야 한다. 그런데 2가 '화요일 → 목요일'이므로 '수요일 → 화요일'을 추가하면 '월요일a ∧ 목요일a'라는 결론이 나온다. 그런데 선택지에는 '수요일 → 화요일'이 없고, 이 명제의 대우인 '~화요일 → ~수요일'이 있다.

따라서 '화요일에 출근하지 않는 직원은 아무도 수요일에 출근하지 않는다'를 추가해야 한다.

21 ③

해설 B는 지금까지 외계인에 대한 실증적인 증거가 없었다는 것을 근거로 '외계인은 존재하지 않는다'라는 결론을 내리고 있으므로, 무지에 호소하는 오류를 범하고 있다. 무지에 호소하는 오류란 증명할 수 없거나 알 수 없는 사실을 근거로 들어 자신의 주장을 정당화하는 오류이다. ③ 역시 지금까지 대형 사고가 일어나지 않은 것을 근거로 자동차의 안전성을 담보하고 있으므로 무지에 호소하는 오류를 범한 것이다.

오답풀이 ① 케이크가 빵의 범주에 속하는데 이를 혼동하여 쓰고 있으므로 범주의 오류를 범한 것이다.

② 여러 개가 될 수 있는 논의 대상을 둘로 한정해서 말하고 있으므로 흑백 사고의 오류를 범한 것이다.

④ 단순히 시간의 선후 관계로 발생한 사건을 인과 관계로 해석하고 있으므로 잘못된 인과 관계의 오류를 범한 것이다.

22 ②

해설 ㉠에서 말한 자신의 인생사 일부를 보고 자신을 전부 이해할 수 있다는 착각은 대표성이 없는 특수한 사례를 바탕으로 성급하게 일반화하는 오류를 뜻한다. ② 역시 주위 사람들의 씀씀이가 크다는 사례 하나만으로 한국인이 과소비하는 습성이 있다고 단정하고 있으므로 성급한 일반화의 오류를 범한 것이다.

오답풀이 ① 논거의 부당성을 지적하기보다 그 사람의 인격을 비난하는 인신공격의 오류를 범한 것이다.

③ 논지를 따르는 대중의 규모에 비추어 참을 주장하는 대중에 호소하는 오류를 범한 것이다.

④ 후건을 긍정하여 전건 긍정의 결론을 도출하는 후건 긍정의 오류를 범한 것이다.

23 ②

해설 아버지는 마지막에 대화의 주제와 상관없는 말을 하고 있으므로 논점 일탈의 오류를 범한 것이다. 논점 일탈의 오류란 논점과 관계없는 문제들을 거론하여 논쟁을 회피하거나 본래 논의되던 논지와 무관한 결론을 이끌어 내는 오류이다. ② 역시 대화 주제와 상관없이 상대의 표현을 지적하는 내용이 나오므로 논점 일탈의 오류를 범한 것이다.

오답풀이 ① 자신과 반대되는 주장을 하는 사람들에 대해 '많은 범죄가 총기류와 연관되어 있다는 것을 간과한다'라고 왜곡하여 그것을 공격하고 있으므로 허수아비 공격의 오류를 범한 것이다. 허수아비 공격의 오류란 상대방의 본래 주장을 왜곡하여 약하게 만들고 그 약해진 주장을 공격하는 오류이다.

③ 철수의 가지치기를 새를 죽이기 위한 것으로 확대 해석한 것이므로 의도 확대의 오류를 범한 것이다. 의도 확대의 오류란 의도하지 않은 행위의 결과에 대해 의도가 작용했다고 판단하는 오류이다.
④ ○○ 팀이 우승했다고, 그 선수들 또한 최고의 선수라고 말하는 분할의 오류를 범하고 있다. 분할의 오류란 집합이 가지고 있는 성질을 집합을 이루는 개별 원소들이 가지고 있다고 잘못 판단하는 오류이다.

24 ④

(해설) 철학적 식견이 있는 사람들이 말했기 때문에 쇼펜하우어가 니체보다 훌륭한 철학자라는 주장을, 근거와 주장을 뒤바꾸어 똑같이 반복하고 있으므로 순환 논증의 오류를 범한 것이다. 순환 논증의 오류란 증명하고자 하는 결론이 참인 근거는 전제에 의존하고, 그 전제가 참인 근거는 결론에 의존하여 순환적으로 논증하게 되는 오류이다. ④ 역시 우주 공학자들이 머리가 좋은 사람들이라는 주장과 근거를 순서만 바꾸어 되풀이한 것이므로 순환 논증의 오류를 범한 것이다.

(오답풀이) ① '부모를'을 부당하게 강조하여 오류가 발생했으므로 강조의 오류를 범한 것이다. 강조의 오류란 문장의 한 부분을 부당하게 강조함으로써 생기는 오류이다.
② 수술을 하기 위해 사람에게 칼을 대는 예외적인 경우를 인정하지 않아서 오류가 발생했으므로 우연의 오류를 범한 것이다. 우연의 오류란 일반적인 규칙이 특수한 경우에 그대로 적용될 수 없음에도 적용함으로써 빚어지는 오류이다.
③ '끝'이라는 말이 한 문장 안에서 '행동이나 일이 있은 다음의 결과'와 '순서의 마지막'의 두 가지 의미로 쓰여 오류가 발생했으므로 애매어 사용의 오류를 범한 것이다. 애매어 사용의 오류란 의미가 두 가지 이상인 단어를 한 문장 안에서 동시에 사용함으로써 발생하는 오류이다.

25 ③

(해설) ㉠~㉣을 기호화하면 다음과 같다.

㉠ 모자 ∨ 안경
㉡ 모자 → 코트
㉢ ~코트 → ~안경
㉣ 모자 → ~코트

㉡과 ㉣은 모순되는 진술이다. 결론이 모순이 나오면 처음의 명제가 거짓임을 증명하는 방법인 귀류법에 의해, [~모자]임을 알 수 있다. 이로 인해 ㉠에서 선언지가 제거되어 [안경]이 도출된다. 그러면 ㉢의 후건도 부정되어, [코트]가 도출된다.
따라서 '범인은 안경을 쓰고 코트를 입는다'가 범인의 특징으로 알맞다.

26 ①

(해설) 주어진 진술을 기호화하면 다음과 같다.

1. 갑 → (을 ∧ 정)
2. 을 → 병
3. 병 → ~갑

1은 '(갑 → 을) ∧ (갑 → 정)'이고, 여기에서 연언지 단순화로 '갑 → 을', '갑 → 정'이 도출된다. 이 중 '갑 → 을'과 2로부터 가언 삼단 논법에 의해 '갑 → 병'이 도출된다. 이를 3과 연결하면 '갑 → ~갑'이 도출된다. 이 명제는 모순이므로 귀류법에 의해 [~갑]이 도출된다.
따라서 '갑은 청문회에 출석하지 않는다'가 반드시 참이다.

(오답풀이) ②·③·④ 을, 병, 정의 출석 여부에 대해서는 알 수 없다.

27 ②

해설 제시문을 기호화하면 다음과 같다.

> 1. ~과일 내림 ∨ 공산품 오름
> 2. 추석 → ~공산품 오름
> 3. ~(추석 → 과일 내림)

3은 단순 함축에 의해 '추석 ∧ ~과일 내림'과 동치이다. 여기서 연언지 단순화로 [추석], [~과일 내림]이 도출된다. [추석]으로 인해 2의 전건이 긍정되어 [~공산품 오름]도 도출된다.

따라서 '공산품 가격이 오르지 않는다'가 반드시 참이다.

28 ④

해설 ㉠~㉢을 기호화하면 다음과 같다.

> ㉠ 재택근무 ∨ 출근(배타적 선언)
> ㉡ 운동 잘함 → (재택근무 ∧ ~야근)
> ㉢ (출근 ∧ ~야근) → 30대
> ㉣ (재택근무 ∨ 출근) ∧ ~야근(철수)

철수가 [출근]이면, ㉠에 따라 [~재택근무]이다. 이로 인해 ㉡의 후건이 부정되므로 [~운동 잘함]이 도출된다.

따라서 '철수가 출근 팀이라면, 철수는 운동을 잘하지 못한다'가 반드시 참이다.

오답 풀이 ① · ② 주어진 정보만으로는 참인지 거짓인지 알 수 없다.

③ 철수가 [~30대]라면, ㉢의 후건이 부정되어 '~출근 ∨ 야근'이 도출된다. 그런데 ㉣에서 철수가 [~야근]임을 알 수 있으므로, 이로 인해 선언지가 제거되어 [~출근]이 도출된다. [~출근]은 곧 [재택근무]이다. 그런데 철수가 '재택근무 ∧ ~야근'이라 하여 ㉡에서 [운동 잘함]을 도출할 수는 없다. 이는 ㉡에서 후건 긍정의 오류를 범한 것이다.

29 ③

해설 주어진 진술을 기호화하면 다음과 같다.

> 1. 양궁 → 펜싱
> 2. ~핸드볼 ∨ 양궁
> 3. ~양궁 ∨ 배드민턴
> 4. ~핸드볼 → 양궁

2, 4가 연결되어 '양궁 ∨ 양궁'이 도출된다. 이는 동어 반복이므로 [양궁]이 확정된다. 이로 인해 1의 전건이 긍정되어 [펜싱]이 도출되고, 3에서 선언지가 제거되어 [배드민턴]이 도출된다. 그러나 [핸드볼]의 진릿값은 알 수 없다.

따라서 '양궁 ∧ 핸드볼'인 '양궁을 관람하고 핸드볼도 관람한다'는 항상 참이라고 볼 수 없다.

오답 풀이 ① '핸드볼 → 양궁'은 단순 함축에 의해 2와 동치이므로 항상 참이다.

② 앞에서 [펜싱], [배드민턴]이 도출되었으므로 '펜싱 ∧ 배드민턴'은 항상 참이다.

④ '양궁 → 배드민턴'은 단순 함축에 의해 3과 동치이므로 항상 참이다.

30 ④

출전 2021 국가공무원 7급 PSAT, 지문 발췌 및 수정

해설 ㉮ Ⓐ '그는 지하철로 출근하거나 자동차로 출근한다'는 'A이거나 B'의 형식을 가진 복합 명제, 즉 '지하철 ∨ 자동차'로 기호화되는 선언문이다. 선언문이 거짓이 되려면 선언지가 모두 거짓이어야 한다. 즉 [~지하철], ㉠ [~자동차]이어야 하므로, 적절한 분석이다.

㉯ Ⓐ '지하철 ∨ 자동차'가 참인 경우 [~지하철]이면 선언지가 제거되어 ㉡ [자동차]가 도출된다. 따라서 적절한 분석이다.

㉰ Ⓑ '그는 자동차로 출근하면 지각한다'는 'A이면 B'라는 형식을 가진 문장, 즉 '자동차 → 지각'으로 기호화되는 조건문이다. 조건문이 거짓인 경우는 전건인 [자동차]가 참이고, 후건인 [지각]이 거짓인 경우밖에 없다. 따라서 적절한 분석이다.

31 ③

해설 ㉠~㉣을 기호화하면 다음과 같다.

> ㉠ 신입생a ∧ 어학연수a
> ㉡ 어학연수 → 봉사 활동
> ㉢ ~어학연수 → ~봉사 활동
> ㉣ 신입생a ∧ 봉사 활동a

㉮ ㉠에서 연언지 단순화로 [신입생a], [어학연수a]가 도출된다. [어학연수a]로 인해 ㉡의 전건이 긍정되어 [봉사 활동a]가 도출되고, 이를 [신입생a]와 연언화하면 ㉣ '신입생a ∧ 봉사 활동a'가 도출된다. 따라서 적절한 평가이다.

㉰ ㉣에서 연언지 단순화로 [신입생a], [봉사 활동a]가 도출된다. [봉사 활동a]로 인해 ㉢의 후건이 부정되어 [어학연수a]가 도출되고, 이를 [신입생a]와 연언화하면 ㉠ '신입생a ∧ 어학연수a'가 도출된다. 따라서 적절한 평가이다.

오답풀이 ㉯ ㉡의 대우는 '봉사 활동 → 어학연수'인데, [어학연수a]가 후건에 있으므로 ㉠과 ㉡은 연결될 수 없다. 따라서 ㉣ '신입생a ∧ 봉사 활동a'를 도출할 수 없다.

32 ②

해설 제시문을 기호화하면 다음과 같다.

> 1. (A동 ∨ B동) ∧ ~직장(재호)
> 2. A동 ∨ B동(배타적 선언)
> 3. (A동 ∧ ~직장) → 마트
> 4. (B동 ∧ ~직장) → ~동호회

재호가 [동호회]이면 4의 후건이 부정되어 '~B동 ∨ 직장'이 도출된다. 그런데 1에 따르면 재호는 [~직장]이므로 선언지가 제거되어 [~B동]이 도출된다. 그러면 2에서 선언지가 제거되어 재호는 [A동]임을 알 수 있다. 즉 재호는 'A동 ∧ ~직장'이므로 3의 전건이 긍정되어 [마트]가 도출된다. 따라서 '재호가 동호회 활동을 한다면, 재호는 단지 내의 마트를 이용한다'는 반드시 참이다.

오답풀이 ④ 재호가 [B동]이면 1과 4에 따라 [~동호회]여야 하므로, 거짓이다.

33 ②

해설 ㉠~㉤을 기호화하면 다음과 같다.

> ㉠ 기획 ∨ 재무(배타적 선언)
> ㉡ 재무 → 미혼
> ㉢ (기획 ∧ 안경) → 노트북
> ㉣ (재무 ∧ 안경) → 넥타이
> ㉤ (기획 ∨ 재무) ∧ 기혼(성규)

ⓒ의 대우는 '~미혼 → ~재무'이다. 그런데 ㉠에 따르면 [~재무]는 곧 [기획]이다. ⓜ에 따르면 성규는 [기혼], 즉 [~미혼]이므로, 자연히 성규는 [기획]임을 알 수 있다. 나아가 성규가 [안경]이면 ㉢의 전건이 긍정되어 [노트북]일 것이다.

따라서 '성규가 안경을 쓴다면, 성규는 노트북이 있다'는 반드시 참이다.

34 ③

해설 ㉠~㉢을 기호화하면 다음과 같다.

> ㉠ 부자 → 건물
> ㉡ 복권a ∧ ~부자a
> ㉢ 부자a ∧ 복권a

㉯ ㉢에서 연언지 단순화로 [부자a], [복권a]가 도출된다. [부자a]로 인해 ㉠의 전건이 긍정되어 [건물a]가 도출되고, 이를 [복권a]와 연언화하면 '건물a ∧ 복권a'가 도출된다.

㉰ ㉢에 교환 법칙을 적용하면 '복권a ∧ 부자a'인데, 이것과 ㉡은 동시에 참일 수 있다. 특칭 부정 명제와 특칭 긍정 명제는 소반대 관계이므로, 둘 다 참일 수 있기 때문이다.

오답 풀이 ㉮ ㉠의 대우는 '~건물 → ~부자'이다. [~부자a]가 후건에 있으므로 ㉠과 ㉡은 연결될 수 없다. 따라서 '복권a ∧ ~건물a'는 도출되지 않는다.

35 ③

해설 주어진 진술을 기호화하면 다음과 같다.

> 1. (~한국 개발 ∧ 학습) → 노래
> 2. (한국 개발 ∧ 학습) → 글
> 3. 학습(순이)

'순이'가 [~글]이면, 2의 후건이 부정되어 '~한국 개발 ∨ ~학습'이 도출된다. 3으로 인해 여기에서 선언지가 제거되어 [~한국 개발]이 도출되고, 이를 3과 연언화하면 '~한국 개발 ∧ 학습'이 도출된다. 이로 인해 1의 전건이 긍정되어 [노래]가 도출된다.

따라서 "순이'가 글을 쓸 수 없다면, '순이'는 노래할 수 있다'는 반드시 참이다.

오답 풀이 ① '순이'의 [한국 개발]의 진릿값을 알 수 없으므로 '순이'가 [~노래]인지는 알 수 없다.

36 ④

해설 제시문을 기호화하면 다음과 같다.

> 1. 1번 → 서울
> 2. 서울 → (종점 출발 ∧ 탑승 지연)
> 3. ☐☐☐☐☐☐☐☐☐☐☐☐☐☐☐
> ∴ ~1번

1과 2에서 가언 삼단 논법에 의해 '1번 → (종점 출발 ∧ 탑승 지연)'이 도출된다. 여기서 [~1번]을 도출하려면 후건의 부정인 '~종점 출발 ∨ ~탑승 지연'이 필요하다. 이는 선언문이므로 선언지 중 하나만 참이어도 참이 된다.

따라서 '기차의 탑승 시간은 지연되지 않았을 것이다'가 추가로 필요한 진술이다.

37 ③

해설 제시문을 기호화하면 다음과 같다.

```
1. 실험 성공 → 첫 번째
2. ~(첫 번째 ∧ 두 번째)
3. 오류 → 두 번째
4. ☐
∴ ~오류
```

[~오류]를 결론으로 이끌어 내려면 3의 후건이 부정되어야 하므로 [~두 번째]가 필요하다. 2는 드모르간 법칙에 의해 '~첫 번째 ∨ ~두 번째'인데 여기서 선언지가 제거되면 [~두 번째]가 도출되므로 [첫 번째]가 필요하다. [첫 번째]는 1의 전건이 긍정되면 도출되므로, [실험 성공]이 필요하다.

따라서 '이번 실험은 성공할 것이다'가 추가해야 할 전제이다.

오답풀이 ② [두 번째]가 추가되면 2에서 선언지가 제거되어 [~첫 번째]가 도출될 뿐이다.

38 ①

해설 주어진 정보를 기호화하면 다음과 같다.

```
1. ~석사 → ~통계학
2. 석사 → 중국어
3. (통계학 ∨ 25세 이상) → ~중국어
```

㉠ 영수는 [석사]이거나 [~석사]일 것이다. 영수가 [~석사]이면 1의 전건이 긍정되어 [~통계학]이다. 영수가 [석사]이면 2의 전건이 긍정되어 [중국어]이다. 영수가 [중국어]이면 3의 후건이 부정되어 '~통계학 ∧ ~25세 이상'이다. 따라서 영수는 [석사]이든 [~석사]이든 [~통계학]이다.

㉡ 영수가 [25세 이상]이면 3의 전건이 긍정되어 [~중국어]이다.

오답풀이 ㉢ 앞에서 도출된 정보에 따르면, 영수가 [석사]이면 '~통계학 ∧ ~25세 이상'이므로, 영수는 [~25세 이상]이다.

39 ④

해설 ㉠~㉣을 기호화하면 다음과 같다.

```
㉠ 허생전 → (춘향전 ∧ 박씨전)
㉡ 구운몽 → (삼국유사 ∧ 홍길동전)
㉢ 홍길동전 → 박씨전
㉣ 구운몽 ∨ 허생전
```

㉠, ㉡, ㉣에서 양도 논법에 따라 '(춘향전 ∧ 박씨전) ∨ (삼국유사 ∧ 홍길동전)'이 도출된다. 그리고 이것과 ㉢에 따라 '(춘향전 ∧ 박씨전) ∨ (삼국유사 ∧ 박씨전)'이 도출된다. 이는 연언지 단순화에 따라 '박씨전 ∨ 박씨전'이며, 이는 동어 반복으로 곧 [박씨전]이다.

따라서 반드시 읽는 책은 '〈박씨전〉'이다.

40 ②

해설 제시문을 기호화하면 다음과 같다.

> 1. ~(소고기a ∧ 돼지고기a ∧ 닭고기a)
> 2. ~닭고기 → ~소고기
> 3. 돼지고기a ∧ 닭고기a

㉠ 1에서 '소고기a ∧ 돼지고기a ∧ 닭고기a'는 거짓임을 알 수 있으므로, 3의 '돼지고기a ∧ 닭고기a'는 [~소고기a]일 것이다. 따라서 반드시 참이다.

㉡ 2의 대우는 '소고기 → 닭고기'이다. 즉, '소고기a ∧ 돼지고기a'이면 2의 대우에 의해 '소고기a ∧ 돼지고기a ∧ 닭고기a'이다. 그런데 1에서 이는 거짓이라고 했으므로, '소고기a ∧ 돼지고기a'도 거짓임을 알 수 있다. 따라서 반드시 참이다.

오답 풀이 ㉢ 3에서 연언지 단순화로 [닭고기a]를 도출할 수 있지만, 주어진 정보로는 '닭고기만 구입한 상인'이 있는지는 알 수 없다.

MEMO

2026 선재국어
수비니겨
논리

선재국어

2026 선재국어

수비니겨
논리